LE BEGAIEMENT DE L'EMBRYON

LE NAUFRAGE DU VAISSEAU DES POUVOIRS

TOME 1

DAMELUS EZECHIEL PETIT-BOIS

authorHOUSE®

AuthorHouse™
1663 Liberty Drive
Bloomington, IN 47403
www.authorhouse.com
Phone: 1 (800) 839-8640

Published by AuthorHouse   11/18/2016

ISBN: 978-1-4634-2526-5 (sc)
ISBN: 978-1-4634-2525-8 (hc)

Library of Congress Control Number: 2011910414

Print information available on the last page.

This book is printed on acid-free paper.

On est jamais sot en observant les gestes du con;
En dépit de tout, il y en a une leçon à apprendre,
Les trucs du théatre.

Ce livre est entièrement dédié à tous ceux qui aiment
La liberté; à tous ceux qui ont travaillé durement toute
Leur vie pour la maintenir; à tous ceux qui ont été
dotés
De l'unique arme qui peut vaincre le mal, rétablir le
Paradis sur terre; ce paradis que cherche l'âme
humaine
A travers de la quiétude d'esprit, le respect, est l'amour.

Chers camarades,

Je ne baisserai jamais la tête, du fait que je suis noir.
Savez-vous, il n'est pas facile du tout d'être noir.
Dans cette énigme, il reste clair qu'il y a un grand prix
à payer…
Souffrir, pour sûr, sera votre part.
Il est impossible de changer la couleur de ma peau. Je
l'aime. L'Auteur de la vie, qui est la vie Lui-même, m'a
créé ainsi; et vous ne pouvez rien en modifier; vous y
avez une limite.
Elle a résisté aux abus des hommes, des millénaires
durant.
Qu'il pleuve, qu'il tonne, je dois vivre dans un monde
hostile.
Ce que je sais, je veux être à vos côtés, ensemble
avec vous.
Je vous aime de tout mon Coeur. Aussi, je suis fier
d'être noir.
Sans moi, il n'y aurait pas cette compétition fragile;
quelque chose manquerait dans le pot de fleur de la
démocratie.
Il n'y aurait aucune balance dans notre belle société.
Je déteste le racisme, la discrimination; je hais la
ségrégation raciale.
Je hais la politique et les faux sourires.
L'Amérique ne serait pas si importante dans le monde
sans moi.

Il n'y aurait pas ce grain de sable dans le plat à discuter là-dessus. Mettons-le de côté, continuons de manger sans avoir peur.

Une page de grande valeur se serait égarée dans l'histoire.

Et Haïti ne serait pas la première République noire indépendante du monde.

C'est un défi. J'ajoute, qu'on soit noir, qu'on soit blanc, votre vie peut porter un message d'amour et d'espoir. Chers camarades, je vous aime tous d'un Amour Agapao.

TABLE DES MATIÈRES

AVEUX

Avec respect, j'embrasse d'un coeur débordant de joie, tous ceux qui m'ont appuyé moralement, à concentrer toutes mes forces vers le but, en vue de convertir mes idées en la réalité dans ce livre. Principalement, l'Ingénieur Jean-Michel Petit-Bois, Maître Emile Jonassaint (décédé), Maître Gaudin Charles, Maître Guy Lamothe, Maître Frank Etienne, Fritz Petit-Bois, Eddy Vincent, Bernadel Joseph, Sam S. Dastino, Etienne Indigné, Antonio Casséus, Joël St Breux (décédé), l'Ingénieur Raphaël Nelson, Maître Kénan Molmé, Maître Amos Joseph, Mr et Mme Harris Leslie, Mlle Rosiane L. XVI. A mes petits "stars" Anatalie kerline, Anna Martha Gabrielle, Michaëli Félipé, Nahomie Magdalena, Ashley-Michèle, Olive L. Petit-Bois.

INTRODUCTION

Avec certitude, je me rappelle avoir terminé d'écrire ce livre en été 1984 à Port-de-Paix. A l'époque, j'étais opérateur-superviseur à la compagnie des Télécommunications d'Haïti S.A. Je me posais toujours cette question: pourquoi dit-on que certains pays sont industrialisés, tandis que d'autres figurent sur la liste des pays du tiers-monde, en d'autres termes, pauvres.

J'ai parcouru les pages de presque tous les journaux et magazines qui tombaient sous mes mains, où trouver une réponse juste à ma question. J'ai, en outre, acheté une variété de livres d'histoire écrits en Anglais, en Espagnol, et en Français, l'énigme m'a toujours confondu. A l'école, des professeurs ont fait des exposés là-dessus, leurs discours ne m'ont pas satisfait. Tous ces journaux, ces livres, ces exposés, n'ont eu qu'un dogme différent l'un de l'autre, à polir et à honnorer par certains, tout en cachant la réalité derrière un rideau épaix et obscure. Je n'ai jamais pensé que l'égoisme, la convoitise, qui, effectivement, produisent de la cruauté, pouraient s'introduire dans l'homme, pour le conduire aussi loin du bon chemin, à dédaigner ses prochains, les mutiler, les détruire, les dépouiller de leurs effets, sans forme de process; tout cela arrive, à cause des biens du monde: de l'or, de l'argent, du pétrole en particulier, des pierres précieuses et du pouvoir etc. Peut-être, qu'il ignore que la douleur dans une chair humaine, est pareille chez toute chair qui respire.

J'imagine qu'une minute de plus dans le concert de la vie, qu'une seconde de plus à toucher avec délicatesse et aptitude, le clavier d'un piano, en face d'un auditoire attentif, équivaut à des milliers d'années lumière à parcourir les cieux, contempler les grandes oeuvres d'un architecte aussi merveilleux, qui a pu penser à vous, spécialement, dans son économie du temps; Il vous invite aimablement à jouer un rôle, dans une scène élégante et précieuse, que vous seul auriez pu réussir avec tant de précision et animation. Faut-il dire, sans l'ombre d'un doute, que tous ceux qui veulent et peuvent, à l'aide d'une bonne conscience et volonté, évoluer sur ce plancher, parler tout bas comme une basse, et éclater comme une trompette, que la vie est douce et jolie, pour tous ceux qui l'apprécient, et l'embracent comme elle s'est présentée. N'en déplaise la soufrance qui la hante, elle est toujours belle et désirée, une fois qu'elle ait été acceptée.

Nulle chose n'est aussi charmante que le jour qui s'en va, et la nuit qui vient; leur calme apporte de la sureté de pouvoir sommeiller tranquillement. Nulle chose parle mieux que la nuit qui s'évanouillit, et laisse peu à peu de la place à la clarté d'un nouveau jour. Un jour où, peut-être, que le language de l'amour, pourait être à l'oeuvre, de pénétrer dans les coeurs les plus mesquins, robustes et endoloris. Quel honneur de propager une bonne nouvelle. Elle s'en va lentement. Pensez-y un peu. Elle ne part pas à la vitesse vertigineuse avec laquelle courent les mauvaises. C'est comme du gaz répandu sur le sol. Les bonnes nouvelles se comparent à un gâteau savoureux qui sent bon, auquel tous les invités d'un festin, ont droit à une tranche; une tranche de ces pensées qui vont croîître dans le méninge du lecteur intelligent, accessible à la probité, la grandeur d'âme, introuvable chez ceux qui se vantent d'en être les seuls maîtres.

Je suis naturellement amoureux de tout ce qui brille invisiblement, à la manière d'un enfant, dans le caractère et la simplicité. C'est l'unique image de la grandeur: l'humilité, la bonne humeur, la charité qui priment au coeur de tous les citoyens dignes de confiance, aimables, bienveillants. Ils ont pu construire leur personnalité sur le roc de l'amour, l'amour du prochain, la crainte envers l'Auteur de l'univers, le respect envers l'humanité, la création d'un Dieu unique, Le tout Puissant.

Je cherche une mine d'or dans le "jar de chair" des individus nobles, patients, bons, aimables; des sentiments de perfection et d'infaillibilité chez tous les êtres humains qui, comme tous les individus, méritent de l'estime, de l'appréciation, de l'encouragement, de la loyauté, de l'égalité dans des faits concrets, en dehors de la lettre et le dogmatisme traditionnel. Ce livre ne s'encadre pas à la limite de vouloir bousculer à une marge, quelque soit la communauté, l'homme en général, vers un certain abime idéologique, dans le but d'embrasser une autre philosophie. Non! D'autant plus, les idéologies sont le cancer qui, de concert avec la religion, détruisent le monde. Il ne veut non plus favoriser un groupe et rejeter l'autre. Il veut de tout coeur, réunir les concepts et les indifférences vers un seul but, la paix, la compréhension, l'union de l'humanité en une famille qui aurait dû s'empêcher de se diviser. Il veut, en citant les faits et les causes, montrer du doigt, l'endroit où l'épée, une fois déja, a perforé, blessé à en mourir, les valeurs humaines, afin d'éviter d'autres peines futures.

Ayant eu, une fois, les pieds plongés dans un liquide chaud, le chat, par prudence, évite de s'approcher de tout autre liquide, qu'il soit chaud, qu'il soit froid, afin de ne pas être brûlé une seconde fois, a dit ma grand-mère. En outre, il veut pénétrer la conscience des uns et des autres, afin de les convertir en de vrais amis; faire disparaitre le vieil homme, l'orgueuil et la haine qui les divisent; combler le vide à l'aide d'un bon équilibre d'esprit et de coeur qui, au cours des millénaires durant, a distancé l'homme de l'homme, son frère. Il entend les réunir avec la logistique du bon sens, du bon sentiment, d'une bonne conscience, et de la bonne entente.

Si les idées mènent le monde et le font tourner, c'est que dans cette atmosphère tendre et ridicule, circule une silhouette sinistre, étrange, qui tourmente les peuples, et change à sa philosophie, les normes naturels en cours, à chaque période de temps. Faut-il croire que, chaque chef d'Etat qui a réussi d'exciter des nations à se battre pour un but raisonnable ou pas, a été inspiré par lui afin de détruire la terre, faire périr à sa propre gloire, des innocents, dans l'unique but de se moquer de Dieu et de ses enfants.

Cette silhouette, puissante et terrifiante, s'est révélée comme étant la patronne des royaumes d'en-bas, l'exécutrice des troubles du silence des cieux, la joueuse de destin des générations d'hommes, quelque soit leur race et leur culture. L'épreuve de force qu'elle a affiché aux panneaux de l'histoire, montre et dispose par ondulation, une fluctuation de dimensions nouvelles, par ramification de ses principes d'action. Souvenons-nous que, la première crise mondiale éclatait au sein même du paradis! Une conjuncture qui opposait l'arbre de la connaissance du bien et du mal à l'arbre de vie. Qui peut instruire le Dieu Véritable si ce n'est Lui-même.?

Cette silhouette, comme un houragan, par surprise, vient depuis cette époque, changer d'une génération à l'autre, d'un pôle à l'autre, les idées, les coutumes, et la politique des hommes. Qui n'a pas compris qu'elle a permis à chaque peuple d'exécuter en son temps, une page spéciale et glorieuse de cette patition douce, dangéreuse, et mystérieuse. Bon nombre en sortait gagnant et fier; tandis que d'autres, affligés, sont victimes des exploits humains. De ce fait, le monde a connu quatre grandes périodes indiscutables, et décrites par la bible; d'où, en leur temps, des peuples se réveillaient de leur solitude pour dominer la terre. C'était l'époque babylonienne, par Nébucadnetsar, celle des Médo-Perse et des Grecs, puis, la plus durable, celle de la Rome Impériale et Papale.

Si le monde pour les jeunes est vieux, néanmoins dans leur aujourd'hui, les vieillards voudraient qu'ils soient eux-mêmes plus jeunes. Contraire à la vieillesse, la jeunesse entreprend et établit pratiquement un dialogue spirituel, avec l'idée d'insinuer que ceux-là souhaitent mieux, même dans toute leur dernière seconde, vivre plutôt que de mourir; conservant leur tempérament, leur croyance, leur attitude souvent très sage, et parfois, grossière, autant que leur souffle leur retient hors de leur tombe. Vraiment, on a raison de dire, "rien n'a changé sous le soleil". Comme dans un grand film, un acteur de talent y remplit sa mission et tôt ou tard, part vers le pays où l'on entend des ramages éternels. Au cours de son passage, il y cultive sa propre semence, pour la multiplication du pain de lumière, celui de la matière grise, le timbre poste du présent et de l'avenir. Il y invente du nouveau à l'échelle scientifique, pour la béatitude visuelle et temporaire, exécute des projets utiles et inutiles, iniques ou purs, pour une humanité troublante et menaçante.

Si le monde composé d'atomes fragmentés, par Jéhovah, a enfanté l'ensemble de ses composants, du début jusqu'à nous, à sa plus haute valeur, cette masse vivante moléculaire, peut et poura en long et en large, aimer, juger et choisir. Loin de m'acharner contre personne, j'aime la dignité dans tous les milieux; la décentralisation dans tous les coeurs et tous les systèmes. A part les juifs, à travers les temps et dans l'histoire, il est avéré que l'homme blanc, par degré successif, ne sait pas ce que c'est que la liberté. Il est en train de la vivre depuis toujours; il n'a jamais fait l'expérience de l'avoir perdue pas même une fois. S'il a eu des révolutions, c'est à partir de la politique tyranique du "oeil pour oeil, dent pour dent", conçue dans son milieu par lui-même. Le nègre, au contraire, en ayant été privée au cours des siècles, ne la connait pas. Il la cherche jusqu'ici; qu' en présence des petits-fils de ses anciens maîtres, il est des fois indignant, d'être réfuté dans la société où il évolue. C'est pourquoi, je crois d'ailleurs comme eux tous, qu'ils sont de la race d'homme à la peau la plus dure lorsqu'on parle de support, la plus résistible à la pluie des tourments qu'il a endurés, et au soleil le plus brûlant des atrocités qu'il a connues. Il est aussi d'une race d'homme la plus paisible et la plus révolutionaire du monde. En répandant cet ouvrage dans votre entourage, vous plairait-il d'user de votre clémence et de votre sagesse, en lisant les pages qui suivent, à côté de vos bons sentiments patriotiques et ancestraux, de ne pas vous laisser emporter par les vagues fiéleuses d'hier et d'aujourd'hui. Il est bon de savoir, que c'est l'oeuvre du diable, corrompant tout ce que Dieu a fait.

En effet, à défaut de temps, les sujets contenus dans ce livre, en partie, réunissent et commentent sur tout une gamme de notes à auditionner; c'est- à- dire, des paragraphes, des citations tels qu'ils ont été publiés par des auteurs modernes, afin de servir de preuves, de témoignages vivants, de certifier combien clair est prouvé par des faits, ce procès contre les oppresseurs des noirs, et justifier leur position, afin d'établir une société plus juste, bâtie sur la réconciliation raciale, l'entente, la paix totale et le progrès. Le Bégaiement De L'Embryon - Le Naufrage Du Vaisseau Des Pouvoirs, pose sa base sur quatre volets qu'il compte élargir le processus, afin de mieux pouvoir présenter des témoins, et exposer à pieds-joints, le cas de Haïti, un "pays vétérand" qui devrait être un Etat de droit comme exemple de démocratie dans l'hémisphère Ouest, qui, pourtant, perturbé et corrompu par ses anciens ennemis, lui barrant la route à tout bout de champ, depuis après le premier jour de son indépendance, le droit de jouir comme il entend, la joie de la liberté.

Le Bégaiement De L'Embryon – Le Naufrage Du Vaisseau Des Pouvoirs est partagé en deux parties, en deux compartiments.

a- Les pouvoirs, ou forces visibles terrestres; ordre, discipline qui gouverne les peuples.

b- Les religions, ou forces invisibles célestes.

La cohésion entre les deux se fait dans les messages qu'ils propagent et les individus qui les écoutent. Cette masse sociale se divise aussi en deux cathégories. Une qui reçoit ces messages avec joie, et une autre qui les rejette. Ici, je veux parler de doctrines politiques, et de doctrines religieuses. Ces deux groupes s'assemblent pourtant, sous l'influence des idéologies distinctes, tout en ayant une relation directe ou pas avec les pouvoirs religieux.

Ce livre concerne aussi de la guerre froide qui existe entre les races d'homme; de la défaite des Europeens en Haïti en 1804; de leur exploration, et de leur exploitation de l'Afrique. Le rapport Est-Ouest dans l'antiquité, et celui d'aujourd'hui qui montrent une transformation de définition à travers le temps. Ce bouquin s'appuie sur l'expérience et la pratique, et non sur les théories.

Il est démontré:

1- Qu'au début, étant puissante, l'Europe a asservi le continent des noirs.

2- A cause de l'évolution, la liberté était devenue obligatoirement le lièt-motive de la société d'alors, le rampart politique des grands sans être réellement prise dans le vrai sens du terme. C'était une farce, une défense, une apparence superficielle.

3- Etant donné que le monde entier prône la liberté vers la fin du XIXème siècle, et que les yeux des esclaves traditionnels ont été graduellement désillés, à mesure que d'autres pays nègres réclament ce droit légitime et naturel, les néo-colons ont consenti d'ôter les chaines de leurs poignets. D'autre part, en les enlevant, ils les ont enfermés dans des geôles psycho-politiques. A cause de cela, ils ont dressé des gouvernements apatrides contre les partis politiques, et contre leur propre peuple. Et c'est la rubrique de toujours depuis deux siècles. Ainsi, ils créent des néo-chaos contre de paisibles gens dans leur propre pays, dans le but de les soumettre psychologiquement à leur doctrine, par la peur, les mauvais traitements, les intimidations, les embargos et la faim. La question de "commonwealth, de protectorate" etc., n'est qu'une tactique politique qui retient les pays des noirs en arrière, bien que libres, sous le pouvoir des oiseaux rapaces. Ils vous suceront le sang d'une manière ou d'une autre. Voilà la cause des raz-de-marées humaines en quête d'un lieu sûr et du bien-être social.

4- Pourvu qu'un individu ait la peau claire, tirée sur le jaune, et que ses cheveux sont en crin de cheval, même s'il est de race noire, (blonds, crépus), il est considéré comme un colon. A cet effet, sur cette balance de l'égalité des races d'homme, on compte quatre (4) continents peuplés de blancs contre un. Calcule qui serait inutile, si l'homme a seulement eu le temps de réfléchir et de réaliser que tous les êtres humains sont condamnés à vivre les mêmes nombres d'années exposés aux mêmes risques, auxquels, nul n'est exempt. La logique de l'égalité entre les hommes, lui aurait démontré que soit blancs, soit noirs, sont à reprocher des mêmes erreurs, et des mêmes torts vis-à-vis de la société et la bible.

Ce n'est pas un livre d'histoires politiques, c'est plutôt un livre de méditation sur le passé, et le présent qui annoncent le future, sur différents aspects et opinions, concernant les droits naturels de l'être humain. Mesdames, Messieurs, avant de faire souffrir vos semblables, infligez le même sort à vous-mêmes avant. Estimez bien quel tort vous faites à vous-mêmes et aux autres.

Enfin, Le Bégaiement de l'Embryon – Le Naufrage Du Vaisseau Des Pouvoirs, représente un vaste champ dans lequel se promène un monde cruel et confus. Depuis des millénaires, il déambule dans cet état déplorable, et semble n'avoir aucune chance de réfléchir, de changer de mentalité, afin de se dirriger vers la bonne direction. Sa vision n'a d'autre but, guerre, tumulte, assassinat, haine, destruction, injustice, convoitise etc.

Je crois que je suis en face d'une situation controversiale, compte tenu de la teneur de cet ouvrage. Je ne prêche pas la haine, mais, l'entente, la réconciliation, la paix, l'amour. Il est dit souvent: "toute vérité n'est pas bonne à dire". Dans cette circonstance, si on ne dénonce pas le mensonge, le mal et l'erreur, c'est qu'on se met en rang avec les coupables; la férocité des gens politiques, sus-cités, et oints par Lucifer, dans le but de semer des troubles, persistera. Dans cette option, la vérité, étant le symbole de la lumière qui brille dans les ténèbres, reste la clef essentielle de ce sujet si rationel, important, et fragile.

Evidemment, j'ai jeté un coup-d'oeil retrospectif dans le passé, à des époques rigides et impassibles, où l'âme humaine a beaucoup souffert, d'atroces conditions infernales qu'on puisse imaginer. A cause de cela, j'essaie de décrire à ma manière, le portrait des victimes et des abuseurs, afin d'unir le Coeur des hommes de ma génération, rendre paisible l'attitude des camarades du future.

Je veux, qu'en faisant des paralèlles difficiles à tracer, et à définir, répandre des fleurs bien parfumées, sur le chemin des races d'homme, en vue d'obtenir des résultats positifs dans leurs relations, sauvegarder pour le bien de l'humanité, les principes de base des droits humains. Je veux aussi que les gens s'intéressent dans l'histoire. Qu'ils comparent une ère à une autre, un siècle à un autre, les différentes tendances, traditions et actions des peuples suceptibles d'avoir violé l'espace du droit à la liberté de leurs semblables. Qu'ils comprennent où ils vont poser leurs pieds dans l'avenir, qui, déja, se montre triste, et lugubre. En dernier lieu, notez, qu'un pays dominé pendant plus de cent ans par une nation puissante, et qui ne bénéficie d'aucune structure de base que nécessite la société qui est sur son contrôle, est antiprogressiste. Ce qui signifie qu'elle l'exploite, et pratique de l'injustice.

CHAPITRE PREMIER

LA CRÉATION DES HOMMES DE LA PLANÈTE

Comme un parquebot qui se glisse sur l'océan, ou un engin qui flotte dans l'espace, la planète terre tourne miraculeusement sur elle-même. Elle est habitée par des hommes, des animaux, des oiseaux etc.; elle est couverte d'eau et de plantes. La pluralité des mondes qui forment sa géographie est magnifique et excellente. Créée sur des bases solides, afin que l'homme vive heureux, dans la paix et le bonheur parfait. Sur la surface de la planète peuplent d' innombrables gens, ils représentent le mot monde. Il constitue une grande et magnifique famille, ayant la même origine, les mêmes lois naturelles à respecter. Malheureusement, il se divise en des groupes distincts qui s'appellent nations, qui adoptent leurs propres lois et coutumes. Ces coutumes ne sont d'autre que la culture dans laquelle elles s'évoluent. Elles devraient être, pour leur bien, comme un nid de fourmis qui s'unissent et se rassemblent pour travailler d'un commun accord pour le mieux être de ce formidable nid. Ce nid se compose de sociétés diverses, qui se morcellent d'après les divergences de goûts et tempéraments qui se découvrent dans chaque individu qui le partage. Par exemple: un groupe particulier de gens aime le théatre mieux que d'aller à un concert. Un autre préfère la couture mieux que l'agriculture. A cet effet, ceux qui partagent les mêmes goûts, souvent, s'assemblent pour parler et jouir les moments de leur succès. D'autres éprouvent le plaisir d'être un bon mécanicien, un aviateur, un marin, un bûcheron, un professeur, un coiffeur, un bon médecin etc. Donc, la somme de tous ces groupes constitue un ensemble de gens qui peuvent satisfaire dans l'immédiat, les besoins de l'autre. Ce monde est réellement une famille extraordinaire. Ce qui est sûr et certain, en dépit des bruits de guerre, des divergences d'opinions et confusions etc, le monde continue de bouger. Ce qu'on souhaite, c'est qu'il se dirige vers la bonne direction, non vers la mauvaise. Et cette décision demeure un motif de plus, d'agir avant tout, dans le calme, avec prudence, par dessus tout, avec beaucoup de sagesse. Car, un simple moment de folie coûterait plus cher que le regret. La liberté, l'honneur, la vie, la stabilité, l'équilibre d'esprit, la justice, la paix, la sécurité, en dépendent.

Qu'on le vueille ou non, qu'on l'admette ou pas, Dieu existe. Cet Etre incomparable qui voit tout et sait tout, l'Omniscient, l'Omnipotent, l'Omniprésent, l'Alpha et lOméga, est le Créateur de toute chose. "Il a fait les cieux et la terre, la mer et tout ce qui s'y trouve" (Psaume 146:6)

"Tu as fondé la terre, et elle demeure ferme. C'est d'après tes lois que tout subsiste aujourd'hui" (Psaume 119 : 90-91)

"Les cieux ont été faits par la Parole de l'Eternel, et toutes leurs armées par le souffle de sa bouche." Psaume 33 : 6

"Où étais-tu quand j'ai fondé la terre? (Job 38: 4-7, Esaie 40: 12-31)

Au début, il donna une femme comme compagne au premier homme qu'Il a créé. Dès lors, la terre commença à être remplie d'hommes et de femmes. Aujourd'hui, elle est pleine à déborder de gens de différentes couleurs et de cultures. Que cela ne s'échappe pas de votre mémoire, ils ont, en dépit de leurs indifférences, une même maman, Eve, la première femme. Elle n'était pas dans la création originale. Elle est un sous-produit tiré des côtes d'Adam; elle est la mère de tous les vivants. "Il y a seulement trois races de gens sur la terre; si nous croyons la bible. Ce sont les descendants de Sem, Cham, et Japhet. Ce sont les trois fils de Noé. Nous sommes tous venus de là. Cela nous ramène tous à Adam; ce qui fait de nous tous frères. La bible dit: d'un seul sang, Dieu créa toutes les nations. Nous sommes tous frères par le sang. Un homme de couleur peut donner une transfusion sanguine à un blanc, et vice versa; parce que nous avons tous le même sang. La couleur de notre peau, l'endroit où nous avons vécu n'a rien à voir avec cela. Donc, il y a les Juifs, et les Samaritains qui étaient à moitié Juifs et gentils". (Brochure, qui est ce Melchisédeck? W. M. B.). C'est clair que la question d'être noir ne concerne pas vraiment la couleur de la peau d'un individu, mais, la descendance. Quelqu'un peut bien avoir la peau blanche, et quand on fait la preuve d'un "DNA test" pour cette personne, on trouve qu'elle vient d'une descendance négroïde. La culture, le pays, le lieu de naissance, les cheveux, la couleur de la peau ne jouent aucun rôle dans cette définition. C'est pourquoi nous sommes tous des citoyens du globe terrestre; fils et filles d'Eve, qui signifie, la mère de tous les vivants.

Qu'est-ce qu'une race d'homme?

Cette question est bizarre, mais elle est très importante. La clef qui peut ouvrir cette cerrure qui incarcère l'esprit des uns et des autres, elle la tient; celle qui retient captive la pensée des sages et des idiots, des gens instruits et des sots, des innocents et des coupables, des gens religieux et des athés. On ne doit pas avoir peur d'en parler; c'est une réalité au milieu de nous, au centre du monde, dans toutes les villes, les faubourgs, et les campagnes, dans tous les pays indistinctement.

Dans une lettre que m'a addressée Monsieur Detoutcoeur, cette même question m'était posée.

Voilà les termes par lesquels je lui ôtais le voile de ma pensée: Savez-vous, comme c'est bien et bien belle, notre bonté de vivre pour nous-mêmes, pour la nature et pour les autres; c'est-à-dire, pour nos prochains, bien entendu. Ce, dans une parfaite harmonie qui, méthodiquement, ne dérange l'intérêt de personne. Vous savez que j'aime la rosée de quatre heures du matin, le "cirage" de nos bottes dans l'herbe fraiche. J'ai l'honneur, cher Monsieur, de vous saluer par ces mots insignifiants, qui grondent dans mon coeur comme des coups de tonnerre, tant que je ne trouve pas leur signification exacte: La démagogie de la question des races d'homme. Qu'en pensez-vous?

"L'unité, dit Saint Thomas, est la force de toute beauté". Dans le corps humain, tout va à l'unisson. Les doigts de la main ne sont d'aucune manière supérieurs aux orteils. Les narines ne valent pas mieux que les dents. L'Eternel est le Tout Suffisant. Il connait toutes choses. Il peut tout et voit tout. Toutes les particules de sa pensée, s'unissent à toute la masse d'atomes spirituelles, qui forme son corps entier. C'est pourquoi, quand de son oeil il voit, son nez respire, sa main ne frappe pas, ses oreilles écoutent attetivement; sa bouche ne parle, que quand sa pensée correspond à la volonté de pureté de sa Parole qui ordonne que ceci ou cela soit. Et voilà, c'est fait. Le corps entier a besoin de s'unir pour agir; agir dans le sens du bien, puisqu'il ne voudra jamais se faire souffrir lui-même. Il ne peut se déplacer, sans que tous ses membres ne se concentrent ensemble, ne s'accordent. "L'unité est la forme de toute beauté".

Pensez un peu, la création tout entière forme un corps, une famille où tous les membres du corps doivent être solidaires. Donc, le cordonnier ne peut suffir à lui-même, sans solliciter l'aide du boulanger à subvenir aux besoins alimentaires de ses honnorables enfants. Le physicien ne peut survivre, sans l'aide de la "petite bonne", la ménagère qui va lui preparer son déjeuner et son souper; du brouettier, capables de le dégager de l'odeur nauséabonde de la boite d'immondices pleine à déborder; du maçon, du charpentier, du menuisier qui travailleront d'arrache pieds pour le mettre à l'abri du vent violent qui souffle, du soleil brûlant de midi, de la neige du mois de Décembre dans son chatelet.

Face à la vie, l'homme, dans son milieu, compose un bloc solide, capable de subvenir à l'insuffisance de l'autre. J'imagine que l'octave de ce bloc fragile, ce bloc de vers, qui est prêt à se putréfier dans quelques heures, n'a aucunement les facultés d'être magnanime que les autres. On est tous poussière et, l'on retournera à la poussière. Pas question de couleur, de rang social, de pouvoir, d'argent en abondance! Tout cela importe peu dans la balance des valeurs intrinsèques de l'homme. Il se peut que vous soyez riche, pourtant, vous êtes sans caractère, ni scrupule; vous mentez à tout le monde, faites des choses honteuses comme un vagabond, un stupide, qu'un pauvre type jamais n'acceptera dans sa vie. Donc, il faut qu'il y ait des hommes à s'occuper des postes élevés, pendant que d'autres sont en train de combler le vide d'une fonction inférieure. Il est ainsi dit, en dépit qu'il n'y ait en réalité aucune fonction inférieure vis-à-vis d'une autre. On dit que la mienne est inférieure, parce que vous recevez un meilleur salaire que moi. Mais, dans sa position, chacun doit être satisfait de ce qu'il mérite pour ses efforts. Si je ne peux être médecin, je pourais être un bon cireur de botte, un point c'est tout. Qu'est-ce qui fait la différence? Le respect mutuel. L'effort que vous faites pour vous procurer ce dont vous avez besoin. L'essentiel, c'est d'être utile à soi-même et à la société. Vos souliers sont sales, je les nettroie; malade, vous m'administrez une bonne pillule et, je me suis remis. Gloire à Dieu qui vous a donné la vie pour me soulager dans ma souffrance. La nature est à nous, la malchance et la chance elles-mêmes, sont au service continuel de l'homme. La vie se modifie à la roulette invisible, inchangeable du destin, la meneuse au but du ballon du savoir et du pain quotidien. Quand on est, on se reproduit soi-même; et quand on disparait, on devient soi-même.

Si le blanc soutient qu'il n'a pas besoin du noir, il a tort. Il doit savoir que, sans lui, le monde manquerait quelque chose de valeur; et vice versa. Le bouquet aurait perdu quelque part, l'une de ses belles fleurs. Ce quelque chose qui, étant sorti des entrailles du Jéhovah des blancs et des nègres, est nécessaire.

L'Etre Suprrême nous a créés tous sans distinction sous l'influence de Sa volonté. NOUS SOMMES TOUS EGAUX. Pourquoi les nègres et les blancs ne s'unissent-ils pas? Savez-vous, j'ai le pressentiment qu'il faut avant tout, que la mentalité de l'époque change. Comment considérer ce cas parmi nous qui sommes fils d'esclaves, une famille divisée, exploitée, la bête de somme infatiguable et marquée. Pourquoi si le noir vient d'un autre pays, s'il n'a pas la même nationalité que vous, s'il vient d'une société, d'une nation moins développée, des nègres comme lui, le dédaignent comme ont fait ceux qui nous ont tous mis dans cet état d'abjection? Peut-être, parce qu'on a les moyens pécuniaires, le pouvoir, ou la peau plus claire que les autres! Ha! Je sais. Parce qu'on est né dans un pays riche! Voilà.

Je ne suis pas bavard, j'aime les choses quand elles sont droites; j'ai fait des expériences personnelles en ce sens. Je suis en train de vivre dans une grande nation où la population des noirs est dense. La majorité d'entre eux sont nés sur cette vaste terre. Etant des fils légitimes du pays, ils confrontent comme ceux qui viennent de quelque part d'autre, les mêmes problèmes. Les Africains-Americains sont un grand peuple. Je les aime. Ce que je leur reproche est du fait, qu'ils manquent de solidarité entre-eux. Quatre-vingt-quinze pourcent des noirs sur cette planète, font les mêmes erreurs. Ils ont besoin de se communiquer entre eux; ils ont besoin d'un entretien en tête-à-tête, afin de bouger vers un plus haut niveau en s'entre-aidant; ce qui leur permettrait de gravir graduellement l'échelle du progrès.

Ce que je leur reproche encore, est qu'ils manquent de l'enthousiasme, de l'appréciation pour les gens de leur race qui sont des étrangers dans leur pays. Globalement, la règle est simple. Peu importe d'où je viens, je suis un noir comme vous; vous devriez me protéger. De toute façon, vous et moi, sommes dans un même panier, embarqués dans un même bateau. Nous sommes encore, à quelque soit l'endroit du monde, en train de lutter pour notre liberté, et nos droits. Quelqu'un dirait, qu'est-ce que vous racontez comme çà? Nous sommes libres. Nous faisons ce que nous voulons; nous allons où nous désirons. En fait, Monsieur/Madame, ce n'est pas vrai. Jusqu'à maintenant, il y a des endroits, des quartiers, des rues où un noir ne peut aller en Amérique. Ils sont interdits aux noirs. Dans cette question, il n'y a pas d'exception entre un Africain-Américain et un noir quelconque. Dans ce cas, protégez-moi, et je vous protège aussi. Je me rappelle que j'étais en train de chercher une adresse à Boston. J'entrais dans une impasse. Il y avait deux autres personnes dans la jeep. Un blanc qui nous voyait nous approcher des maisons, courait après nous avec un grand couteau dans sa main disant: "nous n'avons pas besoin de noirs dans ce quartier, allez-vous en!" Naturellement, cela nous faisait tous peur. Voilà! Nous avions entendu parler qu'il existe de tels gens dans le pays, nous avions la chance de lire quelques articles à propos dans des magazines, mais nous n'avions pas fait de telles expériences avant. C'est effrayant.

Si, nous les nègres de partout, méconnaissons d'où nous venons, et qui nous sommes; si d'un même amour, l'amour du fer d'autrefois, qui s'étant fixé à nos poignets, nous attachant aux manches des houes, à la meule de l'usine de sucre du blanc; si nous méconnaissons que nous devrions nous essuyer nos larmes nous-mêmes, à l'aide de nos charmes, de nos talents, de nos sympathies, de nos sourires aux plus pauvres et aux plus laids d'entre nous; si, nous laissant anesthésier par le sourire hypocrite de l'homme blanc, et ses poignées de mains trop chaudes, peut-être, parce qu'il nous fait l'aumône d'une pincée de diamant et d'or, qu'il nous avait forcés à accumuler dans ses coffre-forts, nous dédaignons les nôtres, c'est que nous sommes donc ignorants et naïfs; nous nous humilierions nous-mêmes en encourageant aux inconscients de faire couler une fois de plus notre sang; nos adversaires d'hier avaient partagé notre monde en trois classes: les blancs, les affranchis, et les esclaves.

Faut-il encore, honteusement, nous prosterner aux pieds de nos semblables, pour reconnaitre d'où venait la victoire de nos aïeux? Non. Cette victoire est dans une grande devise: "l'union fait la force".

Encore, aujourd'hui, nous en avons une à proclamer et à identifier dans l'unité de l'âme humaine, c'est ce que nous voulons, qu'on le croie ou non; à savoir que nous formons un corps, pour que ce monde, sans distinction de race, marche vers la liberté, la paix, et le progrès.

A vous, Monsieur Detoutcoeur, vous qui respectez le livre saint, la Bible, je suggère qu'il y a une seule race d'homme partagée en plusieurs postérités. En d'autres termes, tous les hommes sont égaux selon Dieu et la loi aussi, parce qu'ils viennent tous de celle qui est la mère de tous les vivants, Eve. Ils n'ont pas tous le même language, le même teint, la même culture, parce qu'ils peuplent différentes régions de la terre.

Certains s'appuient sur le récit de la malédiction que Noé avait prononcée: "maudit soit Canaan! Qu' il soit l'esclave des esclaves de ses frères", pour montrer que les noirs sont les petits-fils de Cham. Ne l'avez-vous jamais imaginé, que toute la terre est maudite à cause du péché original! Parce que chacun est le démon de l'autre. Nous ne sommes pas en paix avec nous-mêmes. Nous nous détruisons l'un l'autre, sans que nous nous en rendions compte; des fois, sans motif aucun. La bible, le livre des livres qui raconte cette histoire, dit-elle dans (Genese 10 : 6-20), dans la liste des descendants de Cham, que ces gens-là étaient des noirs? Les Philistins, les Amoréens, les Héviens etc. allaient-ils tous se cacher quelque part en Afrique?

Dieu seul sait, pas de spéculation. Il est prudent de laisser cet os à côté de l'assiette, n'interprétons pas; à moins qu'il y ait un verset qui dit clairement le contraire. Elle déclare que les Chamites s'établissent depuis du côté de Guérar, jusqu'à Gaza. Et du côté de Sodome, de Gomorrhe, d'Adma et de Tséboim, jusqu'à Lescha. Donc, ce n'était pas seulement des Ethiopiens, des Egyptiens comme on le prétend, mais des hommes de race blanche de la Chaldée. Par contre, les fils de Sem et de Japhet se sont mêlés partout aux fils maudits de Cham. Il n'y a qu'une seule personne aujourd'hui, qui peut les montrer du doigt, c'est le Créateur (Gen. 10 : 18): "Ensuite, les familles des Cananéens se dispersent".

J'étais un enfant, un homme mystique m'a raconté un récit mythique qui passe pour vrai. Je ne l'ai jamais oublié. Selon lui, la terre était habitée entièrement par des noirs. Un certain jour, un grand nombre de cette peuplade se dirigea vers le Pôle Nord. Un bloc de glace par une tempête de neige bloquait la voie du retour des millénaires durant, à ces nomades. A la faveur du soleil qui ne brillait que pendant trois mois par an, au cours de cette longue période de temps, leur peau transformée en une coloration blanche, les différenciait des autres noirs qui, toutes ces années en cours, étaient exposés à la chaleur du soleil. Dans la suite, ces Nordistes avaient réussi à briser le barrage qui les séparait du reste du monde; et dès lors, ils purent rencontrer à nouveau leurs frères noirs, d'où, le début du marriage des couleurs.

Dès l'enfance, j'avais coutume d'étudier tout ce qui bouge autour de moi. J'avais envie de savoir ce que c'était. C'est pourquoi, je posais constamment des questions difficiles à mes parents, et même à des inconnus; une fois que c'était une grande personne. Dans ma curiosité, j'ai toujours voulu avoir des précisions sur l'origine de beaucoup de choses: telles que: quelqu'un a créé un premier homme, et la première femme est sortie de lui, chair de sa chair, os de ses os. Qui est-il, ce quelqu'un? Qui l'a créé, lui ? D'où vient-il ? Où habite -t – il ? Je veux le voir, le regarder pendant des milliards d'années, ce Super-génie, Le toucher. Qui était avant Lui ? A- t - il des parents comme moi ? Etc. Je pensais ainsi lorsque j'étais enfants. Aujourd'hui, je trouve dans la bible, la réponse juste à chacune de ces questions.

J'ai lu des ouvrages d'où j'ai noté beaucoup de choses; tandis que dans d'autres, j'ai découvert des pages entières pleines de gravures et de beaux drapeaux représentant les nations des différents points du globe. Ils sont multicolores. Je me rends souvent dans les bois. J'ai l'habitude de voir des oiseaux, des papillons, des fleurs, des animaux, des nuages etc. qui ont à peu près les mêmes couleurs. Un rayon de soleil entre les feuilles d'arbre encore fraiches, à cause de la rosée du matin, projete le reflet de ce qui peut être comparé aux sept couleurs du spectre solaire, remarquable dans un arc-en ciel: le violet, l'indigo, le bleu, le vert, le jaune, l'orange, et le rouge. Où sont la couleur noire et la couleur blanche? Peut-on le deviner?

Il fut un temps où l'homme se permettait d'appeler le rouge, rouge, le violet, violet, le jaune, jaune pour la première fois. Pourtant, dans son coeur, peut-être, il se demandait: sont-ce vraiment ces titres que conférerait le Créateur à ces couleurs? Toute fois, il sait qu'il existe dans la nature, des êtres différents les uns des autres; et même des choses qui ont ces mêmes couleurs. Elles sont partout. Le noir, le blanc etc. ne nous privent de rien. Ils sont très beaux dans leur contexte. Je les aime, parce qu'ils définissent automatiquement dans un débat naturel, de la distinction dans la signification de l'apparence et de l'espèce. D'autant plus, ils nous rendent la vie jolie, embellissent notre entourage. Supposons que quelqu'un pose une question: lesquelles de toutes les couleurs sont originales? Je répondrais différemment à ce qu'insinuent les savants. Je dirais que ce sont celles qui se manifestent visiblement, et constamment dans la nature; par exemple, les sept couleurs de l'arc-en-ciel, la couleur des nuages au lever et au coucher du soleil, celle des feuilles et des arbres, celle des objets et de l'eau qui dort, qui coule entre les rochers; celle des oiseaux, des animaux en particulier.

Je reconnaitrais que dans le noir, le rouge, le jaune, le blanc, se cachent toutes les autres couleurs. Et que dans le blanc se dissimule d'une manière opaque le rouge et le noir, si on le desintègre. Désormais, quand vous voyez le blanc, le noir, et le rouge etc., sachez que toutes les autres couleurs se concentrent dans les trois. D'où, le blanc représente un symbole de pureté; la couleur au moyen de laquelle toutes les autres couleurs s'unissent par une formule, pour se transformer dans un autre aspect. Par contre, toutes les couleurs qu'on ne trouve pas dans le spectre solaire, sont le produit d'une hybridation. C'est pourquoi les Indiens appelaient les blancs, "visages pâles". Parce qu'ils ont la peau rose, et non blanche. La question de la peau blanche est un terme, une propagande que font les racistes.

Je me pose cette question: y a t-il quelque part un homme ou une femme dont la peau est blanche comme une feuille de papier blanc? Non monsieur, cela n'existe pas. Il y a des gens dont la peau est brune, entre le café légèrement mélangé au lait, le jaune, le chocolat. Mais il n'existe pas des gens dont la peau est aussi noire comme la peau de mes souliers. Il y a des hommes dont la peau est rose qu'on confond par une formule philosophique d'être aussi blanche que la neige. Faites la différence vous-mêmes. Ayez de l'amabilité d'enfiler une chemise neuve de couleur blanche, ou une robe blanche. Allez vous placer devant un miroir, vous verrez qu'il y a une très grande différence entre la couleur de votre robe et celle de votre peau. C'est logique. Ne vous y confondez pas. J'aime tant la couleur rose, parce qu'elle représentent l'amour. C'est pourquoi même quand un homme est mulâtre, ou qu'il a la peau plus claire que les autres, on a toujours tendance de l'appeler blanc. La preuve est tellement grande que même lorsque ses cheveux sont crépus, on le considère comme tel. Les individus venant des pays noirs savent de quoi je parle. Donc, il est remarquable que le rouge, le jaune, la couleur rose, se distinguent de celle qui est attiré sur le café, et le chocolat par la chevelure.

Certains profitent aussi de la déclaration faite dans les versets trois (3) et quatre (4) de Deutéronomes sept (7) pour consolider leur position discriminatoire à la race noire, et montrer qu'ils sont fermement appuyés par la bible. "Tu ne contracteras point de marriage avec ces peuples, tu ne donneras point tes fils à leurs filles"; sans avoir compris que le monde est divisé en deux, et habité par deux peuples distincts: les nations ou les paiens, ou les gentils, et Israel, un peuple choisi qui n'adore pas de faux dieux ou idoles comme les nations, mais Jehovah l'Eternel, le Dieu unique. Donc, s'il y a discrimination dans la bible, elle ne concerne que deux formes d'adoration différente. Les enfants de l'Eternel ne se mélangent pas aux paiens qui rejettent la Parole de salut de Dieu. Non. "Car, ils détourneraient de moi tes fils, qui serviraient d'autres dieux". Donc, le vrai Juif ne va pas contracter en marriage un gentil, un paien, quelqu'un qui vient des nations. Non. De même, ceux qui ont accepté de marcher suivant les principes de la bible, qu'ils soient gentils, ils n'iront jamais prendre en marriage d'autres paiens qui rejettent Dieu. Non. Ils s'engageraient en marriage à des croyants en Christ comme eux. Si toutefois ils le font, ils doivent admettre, qu'ils ont enfreint à une recommendation de Dieu, l'Hélohim. Car, en le faisant, ces gens vous détourneraient de la foi.

CHAPITRE DEUX

L'AFRIQUE

Très vaste et belle, l'Afrique a quatre grandes rivières: le Zambéri, le Niger, le Congo, et le Nil. Etant le fleuve le plus long du monde, ce dernier a 6400 miles de long; du lac Victoria, son origine, il serpente tout le long de son lit, et se jette dans la Méditerranée. Les habitants du continent sont évalués à dix pour-cent de la population du monde; il a une superficie de 30.300.000 miles (carrés).

L'Afrique est séparée de l'Europe au Nord, par la Méditerranée, et par le Détroit de Gibraltar. Elle est baignée par l'Océan glacial Antartique au Sud, par la mer rouge et l'Océan Indien à l'Est, et par l'Océan Atlantique à l'Ouest. Elle offre un panorama rocheux sur presque toutes ses côtes. Mère patrie de tous les noirs, elle détient un paysage peu dense, au teint brisé, surtout à l'orée des savanes et des déserts. Dans ces endroits et dans les plaines, sous les feuilles touffues des montagnes, et des plateaux, vit comme des milliers de tribus de fourmis éparses, au milieu d'un vaste champ de canne-à-sucre au sommeil, un peuple plein d'histoire, heureux du genre de vie qu'il mène; de sa civilisation simple, dite la mère de toutes les civilisations, elle continue de faire son chemin. Elle a un climat, principalement chaud.

Dans ces lieux bouge cette grande coumbite, l'une des pierres symboliques des temps préhistoriques, au "bungalow" mystique et de cauchemar, du danseur du Tam-tam, qui bouge rapidement son corps, irrésistible aux sons des assons de sa tribus. En voie de développement, elle se partage en cinquante-trois (53) pays indépendants, dont, bon nombre ont fait un grand pas vers le progrès. Authentique continent des noirs, elle est aujourd'hui encore, paralysée, souffrant de la maladie de racisme, attitude condamnable, pesant fardeau de la couleur de la peau de ses enfants d'origine.

PHYSIONOMIE DU NÈGRE.

Que de nègres, par le passé, ont voulu la revoir, rentrer chez-eux, rejoindre les leurs. Ils avaient donc, éprouvé le goût âcre de s'égarer par contrainte, aussi loin d'elle. Ils n'ont jamais vu cette chance leur laisser ce sublime espoir croître aisément, se concrétiser. Par contre, l'influence dont jouissaient les métropoles sur les colonies, pendant longtemps, avait complètement paralysé les désirs du noir de s'insurger par des réactions vraiment positives, contre les lois et les mauvais traitements qui lui étaient infligés. De ce fait, l'expantionisme que ces pays-patrons pratiquaient, et la force qu'ils représentaient, influençaient l'individu importé et les habitants du nouveau continent. Cette concentration de force eut l'effet, de détruire à l'avantage du plus fort, les efforts particuliers engagés entre ces belligérands, surtout dans le mercantilisme, au détriment des colonies et du bétail humain, dont le nom d'origine git déja sous la terre Africaine; en adoptant les principes obligatoires de la colonisation qui, au fil du temps, amenuisaient son entité, sa morale engourdie d'effroi, il apprenait ainsi, ce qu'est le courage. Ces moments d'épreuves sanglantes quotidiennes de l'âme et du coeur, implantaient en lui l'espoir de sortir dans l'avenir, vainqueur du bourbier, et de respirer un nouvel air en plein jour. Etant une machine d'excavation de l'ère, la traite avait en Afrique, étouffé l'évolution, dispersé sa force de travail, retardé son développement, répandu de part et d'autre, en miettes sa culture; et en Amérique, provoqué l'explosion d'une rebellion, d'une révolution. Tout cela, étant authentiquement, l'identité du nègre, apportée de la métropole commune des noirs, comme un trésor au fond de son être intérieur, dans cette eau trouble qui débordait dans toutes ces caves d'or d'Amérique, d'où se concevait en lui, l'ardeur de propager dans des slogans de consolation, et des psaumes de prédilection, sa haine chantée à l'étoile Polaire, son compagnon fervent du silence de la nuit, pour couronner son destin d'être nègre, exalter et éterniser la négritude. Ces principes, de nos jours, croissent, puisque, aucune puissance au monde, soit-disant amie ou pas, aucun de ces pays-patrons d'autrefois, n'envisage vraiment l'indépendance individuelle, matérielle, et spirituelle des peuples qu'ils assujétissent, car, à leur profit, l'esprit égoiste colonisateur ne peut pas mourir, ils continuent d'oprimer, surtout, les nations noires. Apprenez bien, si ces pays industrialisés montrent à Haïti par exemple, quels plans sont necessaires pour l'aider à sortir de la misère, comment faire pour avoir en abondance des denrées alimentaires, comment s'industrialiser etc, désormais, ils cesseraient d'être ce qu'ils sont, des grandes puissances; dans l'avenir, ils ne pouront y vendre leurs produits, ni la contrôler comme avant. Pour cela, il est plus rentable et avantageux pour eux de la maintenir, dans son état, dans sa condition. C'est ce qui devrait pousser les pays du tiers monde à se débrouiller eux-mêmes par leurs resources, à planifier eux-mêmes, les moyens par lesquels, ils seraient libérés de leur misère, et créer une économie croissante. Pour leur salut, ils ne doivent compter sur personne.

Le nègre est partout un nègre, un homme asservi, né libre suivant la devise de la vie; évidemment, de la nature et de la brousse, d'où, il doit sortir de par lui-même, pour son plein épanouissement. L'Afrique est la terre des beaux rêves d'amour, d'amour parsemé d'épines, comme la rose qui témoigne le courage d'une fleur immortelle. Si elle meurt, elle renaitra sur d'autres branches dans l'ampleur de sa même beauté et sa splendeur. "Une nation, pour répéter Renan, est l'artisan d'un long passé". L'histoire relate qu'à l'époque quaternaire, le Nord de l'Afrique était habité par des blancs, dont semblaient issus les Guanches, les Berbères des iles Canarie. Les nègres étaient alors imposants et habiles. Ils avaient en divers lieux fondé de grands empires, et entrepris des expéditions pour étendre leurs domaines. De ce fait, ils ont mélangé toutes les races sur leur passage. Des croisements partout se sont opérés; et jusqu'à ce jour, des amalgames de races sont difficiles à dépouiller. En passant, il faut le dire, les Asiatiques et les Européens, dans ces croisements, ont joué un rôle prépondérant. C'est- à- dire, tous les petits-fils de Noé ont repeuplé la terre; autrement dit, se sont mêlés. En effet, en dehors de la zone Ethiopique, et de la zone septentrionale, tout le reste de l'Afrique est occupé par des nègres.

Etant second en grandeur des autres continents du globe, terre de soleil, l'Afrique, au cours des âges des ténèbres, sécurisait l'image de marque de sa civilisation par des vestiges, en l'honneur de chaque Africain, servant comme un sceau indélébile sur l'acte de la réputation scientifique de ses enfants d'origine. Cette civilisation a fleuri tout le long de la rivière du Niger et du Nil; elle bâtissait des empires solides qui, des siècles durant, fortifiait son cheval de bataille qui constituait en des pays-clef et imposants tels que : Carthage, Songhai, Egypte, Xhulu, Mali, Soudan, Lybie, Ashanti, Ghana, Benin, Hausa, Zimbabwe, Yoruba, Fulani, Ethiopie.

Bon nombre d'Africains, à cause de l'invasion du Nord du pays par les Arabes, émigraient dans d'autres continents. Poursuivis par les Européens, de force, comme on le sait, ils étaient mis en esclavage en Amérique et dans les Antilles Caraïbéennes. Ce déplacement, ce brusque nettoyage de la peuplade de cette partie du monde, résulte qu'aujourd'hui, ont surgi des nombres inconsidérables de ses descendants éparpillés. Actuellement, il y a plus de deux cent millions vivant en Europe et dans l'hémisphère Ouest. En Asie et dans le Pacifique, plus de cent millions, et en Afrique, à elle seule, plus de sept cent millions.

L'EUROPE A-T-ELLE ÉTÉ PEUPLÉE PAR DES BLANCS?

Il y a belle lurette, j'ai lu un article paru dans une revue, où un expert en la matière, s'étalait de long en large sur le sujet. Tout ce qu'il dit est décrit dans des termes scientifiques en rapport à ce qu'il a rédigé. Il précisait que du coté oriental de l'Afrique, se peuplaient des Africains qu'il distinguait en trois cathégories.

a) "Australopithécus Afarensis

b) Australopithécus Africanus (taille de 120 cm de hauteur).

A cette époque, selon lui, l'homme n'avait pas encore imaginé comment fabriquer un outil, ni domestiquer le feu, parce qu'il ne l'avait pas encore découvert. Ces deux espèces n'étaient que des végétariens.

c) Puis, après quelques années, apparaissait l'Homo Habilis, qui a inventé l'outil; et qui plus tard, disparaissait de la carte, pour être remplacé par une dernière espèce.

d) L'Homo Erectus qui, plus intelligent, se peuplait sur tout le territoire Africain; ensuite, il allait à la conquête de l'Europe du Nord. Bon chasseur étant, il mangeait cru sa viande, puisque le feu n'avait pas encore été découvert. C'était le premier occupant de l'Angleterre, de la Tchécoslovaquie, de l'Allemagne, de la Belgique etc. Et plus tard, il se répandait en Australie et en Amérique. S'étendant en Europe, habile chasseur, son nom a été changé en celui de: Homo Erectus Tautavelensis, qui avait découvert et domestiqué le feu. Il prit soin de le placer au centre de sa tente. Cette époque fut définie comme celle qui a créé ce mot: civilisation. Les civilisations Acheuléennes tirées du nom de la ville de Saint Acheul, où plusieurs groupes culturels, déja, évoluaient. Le Prémoustérien, le Tayacien, le Clactonien, et l'Evenosien". (1)Tout cela est très beau d'apprendre, que les premiers habitants de l'Europe étaient des nègres. C'est plus que sympathique et humain. Effectivement, c'était là, en bref, un moyen de s'étendre scientifiquement au sujet des espèces (1) (science et vie, page 50-51, par Gérald Messadié).

L'Homme, Vient-il De L'Evolution? Il n'est d'aucun doute, que toute la terre est l'oeuvre extraordinaire d'un Etre Suprême qui domine le temps, les cieux, la terre, l'univers entier. Il a écrit un livre, la bible, dans lequel, l'homme, Sa créature, y trouvera la réponse à toutes les questions, dès l'origine des temps à ce jour. Les animaux, les plantes, font partie de cette création originelle. Ce livre n'est pas fictif, fruit de l'imagination des hommes, ni scientifique; il est plutôt spirituel. Nul ne parviendra à le comprendre sur la base intellectuelle, mais, uniquement, par révélation Divine. Placée au-dessus de tous les produits humains, parce que, c'est poussé par le Saint Esprit que des hommes ont parlé de Dieu (2 pierre 1: 20-21). Il est incontestable, parce que, non comme des fables, toutes ses promesses se réalisent exactement point par point, en leur temps. Etant donné que les scientistes n'ont d'autres options, que pour répondre à diverses questions, ils font des recherches approfondies sur la nature, les plantes, les ossements des êtres humains, et des animaux qu'ils trouvent. Alors, ils en tirent des conclusions à eux, sans autre forme de procès.

Une fois, à la Télé, un documentaire a démontré comment que le grain qui est tombé en terre, devrait pourir et mourir, en vue de se transformer par le germe de vie qui s'y trouve, en une toute petite plante; puis, en un arbuste, en un arbre qui plus tard, portera des fleurs et des fruits. C'est un processus phénoménal qu'aucun homme, aucun esprit, aucun scientiste ne peut créer. C'est plutôt l'oeuvre de l'unique vrai Dieu, Yahweh, le Créateur. Parce qu'Il a fait que chaque semence continue de se reproduire selon son espèce.

L'impression visuelle de ce documentaire m'a conduit à penser un peu sur la théorie de la transformation des espèces. Il n'est pas sans savoir qu'il y a plusieurs espèces. Elles peuvent se différencier l'une de l'autre. L'Auteur de la vie qui est la Vie Lui-même, a dit: "que la terre produise de la verdure, de l'herbe portant de la semence, des arbres fruitiers donnant du fruit selon leur espèce" (Genèse 1 : 11). "Dieu créa les grands poissons et tous les animaux vivants qui se meuvent, et que les eaux produisent en abondance selon leur espèce; Il créa aussi tout oiseau ailé selon son espèce" (Vs 20-21). "La terre produit de la verdure, de l'herbe portant de la semence selon son espèce" (Vs 12). En d'autres termes, la semence du chimpanzé donnera des chimpanzés, et non des poissons. La semence des oiseaux donnera des oiseaux, et non des chevaux. La semence des hommes donnera des hommes et non des singes. Depuis que l'homme est sur la terre, aucune femme n'a jamais mis au monde un singe ou un chimpanzé, ou vice versa. JAMAIS!

Il n'y a jamais eu d'évolution sur cette planète et nulle part. C'est que dès la création à nos jours, la nature n'a jamais désobéi à l'ordre de son Créateur. Tout va toujours à l'unisson, sauf l'homme. Une chose est certaine, les chercheurs trouvent diverses formes de squelettes et de crânes; ils en font la différence, afin de démontrer qu'il y eut avant leurs époques, des êtres de tels genres. D'après la bible, il y eut la lignée de Cain qui résultait de l'acte sexuel commis entre Eve et le serpent dans le jardin d'Eden. "La femme vit que l'arbre était bon à manger... elle prit de son fruit, et en mangea" ; après avoir mangé, que fait-elle? "Elle en donna "aussi" à son mari ... et il en mangea". Gen 3:6.

Il y eut deux fils en Eve: Cain que (1 Jean 3 : 12) déclare qu'il est du malin, c'est- à -dire que le serpent est son père; et l'autre fils qui fut Abel, qui venait en l'occurrence, d'Adam. Premièrement, il y eut la lignée de Cain, le fils du serpent; deuxièmement, la lignée de Seth, le fils d'Adam et d' Eve; car Adam engendra des fils et des filles (Gen. 5:4-5). "Les fils de Dieu (les fils d'Adam) virent que les filles des hommes (filles de Cain, du serpent) étaient belles, et ils en prirent pour femme ... (Gen. 6 : 2)

Troisièmement, le mélange des fils de Dieu (d'Adam) aux filles des hommes (de Cain, du serpent). De tel croisement poussa l'Eternel Dieu à provoquer le déluge pour la purification de la terre, puisque Christ devait naitre d'une lignée pure. Mais, prochainement, elle va être sanctifiée (terre) par le baptême de feu de la colère de Dieu, avant que le Saint Esprit (la Pierre Faitière, qui est Jésus-Christ) vienne y habiter avec les Saints (croyants) éternellement (1 Pierre 2 : 6-9).

Puisque par le déluge, la terre était justifiée, il ne restait que Noé et ses trois fils: Sem, Cham, et Japhet, d'où proviennent les races d'hommes actuelles. Dès ces temps-là à nos jours, il existe deux lignées spirituelles: ceux qui font partie de la nouvelle création de Dieu à travers le sang pur du Seigneur et Sauveur Jésus-Christ versé à la croix pour le pécheur qui croit en son Nom, dans ce sacrifice définitif pour son salut éternel; et ceux qui rejettent intérieurement la Parole de Dieu, et qui parlent mal contre elle. Ils n'ont aucune relation avec Dieu; ils sont du serpent comme l'était Caïn. Donc, actuellement, il y a deux espèces spirituelles, ceux qui se rangent du côté de Christ, et ceux qui s'alignent du côté du serpent, le séducteur, le menteur.

VIBRATIONS DE L'OURAGAN DES COLONS EUROPÉENS EN AFRIQUE.-

Vivant isolés, ils se partageaient seuls leurs coutumes. Du coup, tous leurs mystères se référaient au fond de la jungle, dans les déserts, leurs grottes, leurs villages, au tréfond de leur noble coeur. Ils vivaient pour la nature, leurs dieux, et leur pays. Dit-on, les esprits se communiquent. Ils pratiquaient aussi l'invocation des dieux. L'adoration se fait au rythme du tam-tam, de la danse du vaudou, coutume ineffaceable à travers les siècles. Ces cérémonies de vaudou sont toujours enveloppées de mystères, de magies et de sacrifices. Ils savaient aussi jouer de la flûte géante, sorte de roseau ou de bambou à l'intérieur duquel, ils poussaient du vent au moyen de leur bouche. Pour répéter René G., "quand une civilisation disparait, c'est qu'elle s'est suicidée". Acculé après des millénaires, le noir a perdu ses allures primitives, ses facultés d'inventer, de créer, pour repartir du plus bas des degrés; étourdi et frustré par les menaces et les mépris constants de ses opresseurs. Ainsi, il eut au cours des siècles, la chance d'un développement retardataire, sujet à de rudes douleurs dans la servitude, à partir du bénéficiaire des civilisations modernes, l'homme blanc.

Evidemment, cela peut se comprendre dans la course aux armements d'aujourd'hui. La nation qui possède en plus grand nombre, les armes les plus modernes et sofistiquées, supplante toutes les banières qui viennent après elle. Ayant les mêmes sentiments, et les mêmes moyens des blancs, les noirs auraient pu, eux aussi, occuper la même position d'avance. "L'homme", dit René Gousset, "par la persistence de son animalité, menace de détruire le patrimoine humain". Aussi je constate, que l'homme est né pour mourir; en détruisant, il croit contribuer à la régénération d'un monde nouveau. Cet état d'esprit a trait à l'ombre de quelque chose encore inconnu, un corps libre par exemple, qui existe déja quelque part dans le vide, pour s'exprimer ouvertement, par une vivante manifestation, pour une durée de temps déterminé, au cours de laquelle, cet esprit dans ce corps a pour mission précise, d'accomplir sur terre, les volontés d'une loi intérieure: servir ou dominer par la force, ceux qui l'entourent.

1- L'AFRIQUE FUT AUSSI COLONISÉE PAR L'EUROPE.

Bien souvent, il est dit que les douleurs de la jeune fille en détresse, se répercutent sur le visage soucieux de sa maman. Dans un but plus élargi, ce phénomène permet bien de voir ce qu'est l'homme. Il y a une vertu bienveillante, égoiste en même temps que son caractère et sa façon de faire. Il est juste de discerner que le peu de chose que l'on sait du caractère d'un homme, peut largement reproduire l'image d'une nation tout entière. La coupe amère, dans laquelle avaient bu tous les martyrs de la tornade des colons Européens en Amérique, s'est fixée aussi sur d'autres formes, aux lèvres de la mère-patrie des misérables esclaves noirs. "L'union fait la force", dit-on? L'honneur, la joie, le bonheur, tout cela se dissout dans l'ambiance propagée par l'égocentrisme qui divise les hommes, et conserve leur moi.

Les aventuriers Européens étaient d'habiles potiers, par la folle idée de dominer et de s'enrichir aux dépens des faibles, avaient eux-mêmes brisé le pot de l'union Africaine. Des siècles s'écoulaient, ils revenaient tout- à -coup à l'oeuvre, comme consciencieusement frappés du tort irréparable qu'ils avaient causé, en faisant semblant de vouloir réunir les miettes de ce vase d'argile qu'ils voulaient à leur manière reconstruire et polir. Tout en ayant la ruse et le venin mortel d'alors dissimulés sous leurs ongles pour en finir avec leurs victimes. Leur aurait-il été avantageux de le laisser par terre émiétté, même si ces miettes pouvaient se reconstituer à leur juste forme et valeurs premières? Non. Toute fois, elles avaient besoin de bras pour se soutenir. Mais, hélas! Le mal était déja fait. Les miettes éparses, permirent de voir l'impossibilité immédiate du redressement du pot. S'il fut le produit positif d'une oeuvre créatrice d'un Potier Supérieur à l'égoisme humain, un jour, il renaitra. Il faut sagement, les abandonner au sol comme elles sont. Ce procédé leur fera moins de mal, sans subir le test des intérêts mesquins; même si pour grandir, il faut une substance de force. Donc, d'où viendra-t-elle, si les miettes sont divisées? Le pot doit se redresser lui-même comme le poussin engagé, bequette sa coquille pour en sortir. C'est là, les manoeuvres du nègre, essayant de frayer dans la broussaille, une voie de sortie. L'Afrique est, en dépit de tout, un continent intact, mais, elle finira par perdre son prestige, si ses yeux ne se désillent pas pour empêcher aux intrus blancs de sucer son sang. "Dieu a fait des hommes, et l'homme a fait des esclaves". Les dépouilleurs sont toujours là sur place.

QUELQUES EXEMPLES DE VIBRATIONS ET DE FRUSTRATIONS.

L'Egypte dont la civilisation, au visage du monde tourmenté, a dressé scientifiquement ses pyramides, qui humilient profondément l'orgueil des architectes modernes de ce monde déclinant, est l'un des pays, qui, par l'histoire, peut témoigner contre ces convoiteurs-explorateurs-exploiteurs. Ce pays, de 1914 à 1922, était sous la tutelle des Britaniques. En 1936, ils furent obligés de lui accorder une autonomie à la suite d'un traité signé. Au cours de la deuxième guerre mondiale, bien que ce pays adopta une position neutre dans ce conflit, de 1940 à 1942, les Allemands, les Italiens se battaient sans merci sur son territoire contre les Anglais. Se voyant pris entre l'arbre et l'écorce, elle a en 1945 déclaré la guerre à l'Allemagne. Par la suite, elle acquit et proclama son indépendance après ce bain de sang, le 18 juin 1953, avec l'aide du Major Général Mohamed Naguib comme premier président. Foulés aux pieds, eux aussi en leur temps, par la grosse botte des intrus, les autres peuples Africains, à l'exemple des habitants d'Amérique, les Indiens, et les pauvres étrangers noirs importés des côtes d'Afrique, ont eux-mêmes aussi, éprouvé le sort de leur éthnie, et le revers de la médaille d'airin ardent qui suspendait, surtout dans les Antilles, au cou de l'escroc blanc.

La France, après avoir envahi une partie du Canada, après s'être appropriée de la Louisiane, actuellement, l'un des Etats des E.U.A., et de certaines iles Caraïbéennes, fut, elle et ses rivaux d'Angleterre, de l'Espagne, de Portugal etc., repoussée du nouveau monde par les vainqueurs, les esclaves noirs d'Haïti. La pièce qu'elle et les autres pays Européens venaient de jouer en foulant le plancher du théatre du nouveau monde, ne ferait jamais l'objet d'admiration de leurs augustes voisins; car, la seule idée de vouloir la représenter chez-eux (continent), aurait pu provoquer avant 1914, le déclenchement de la première guerre mondiale. Du fait, ils avaient eux seuls, l'avantage de poursuivre leur exploitation scientifique, stratégique, économique, là où, le monde libre est analphabet, inofensif, et dégage un aspect vierge. L'Afrique, l'Amérique, les Caraibes portent des cicatrices visibles sur leurs visages. Elles constituent le signe du colonialisme farouche, qui indique qui étaient leurs abuseurs. Les Europeens ont laissé ces cicatrices derrière eux, à travers des langues que des nations actuellement libres, étaient obligées d'adopter: l'Anglais, l'Espagnol, le Français, le Portuguais, l'Allemand, l'Italien, etc. Elles ne peuvent pas se débarasser d'elles, même si elles ont d'autres moyens par lesquels s'exprimer; c'est la trace de la culture de leurs anciens maitres.

*****

L'Afrique du Sud, où est née cette politique discriminatoire, l'apartheid, n'était épargnée elle aussi. Elle était habitée par des hommes qui, notamment, vivaient dans la brousse. Ces Autochtones se divisaient en plusieurs tribus: les Bantous, les Swazis, les Zulu, les Sothos qui, en ce temps-là, manifestaient la présence de vrais Africains d'origine. En d'autres lieux, on rencontrait d'autres tribus. Bien entendu, les Hollandais furent les premiers dans ce coin du pays, à s'établir en 1806 après leur débarquement au Cap de Bonne Espérance. Par la suite, la Grande- Bretagne vint au même lieu et refoula les premiers aventuriers vers le Nord où ils fondèrent deux Républiques: celle de l'Etat libre d'Orange, et celle du Transvaal. Suivant la progression de cette partie du continent, l'union Sud Africaine prit naissance soudainement par les Anglais le 31 Mai 1910. Cette prétendue union se composait de Transvaal, de l'Etat libre d'Orange, du Cap-Town et du Natal.

Après un demi siècle de pénibles luttes idéologiques, le 31 Mai 1961 enfin, d'après des auteurs modernes, elle devint une République qui, sans trop tarder, s'est retirée du "common wealth", ayant à sa tête, le nationaliste Daniel Malan. Et voilà l'agent du diable, qui par égoisme et le racisme, a continué de perturber la communication et l'esprit humain, par ce qui déja, la discrimination, se répandait comme une trainée de poudre, une contagion à détruire et éradiquer. Cet état d'esprit, à savoir, qu'il n'y a pas d'égalité de races humaines, s'est dès lors, d'autant plus intensifié; et cette politique s'y est officialisée en 1948. Aujourd'hui, elle est libérée par le héro Nelson Mandela et son peuple.

*****

La Nanibie, en troisième lieu, un plateau de 3600 pieds de hauteur, obtint son nom, Namibie, en 1968 par l'assemblée générale des nations mais, s'appelait avant, le Territoire du Sud'Ouest Africain. Echue entre les mains des Allemands en 1883, elle était devenue leur propriété en 1884. Quelque temps plus tard, en 1915, elle fut conquise par des troupes Sud Africaines. Epargnée par le destin, et par l'indéfectible sang révolutionaire noir qui coula dans les veines de sa population, elle refusa préremptoirement cette manoeuvre de folie qui, une fois pour toute voulait abuser d'elle et de ses ambitions. Dès lors, onze nations s'accordèrent suivant la ligue des nations, pour l'administrer et pour la conduire à l'indépendance. Malgré leur pression, l'Afrique du Sud tint encore bon à la gouverner. Aujourd'hui, à un moment où l'homme sait et comprend ce que signifie être libre, les boureaux doivent, résolument croire que, seul la liberté peut dompter le coeur d'un peuple révolté. Dieu soit loué, elle est indépendante le 21 Mars 1990.

La côte de Graine qui s'appelait aussi la Côte de Poivre, aujourd'hui, le Libéria, était visitée au XIVème siècle par les Portugais. Avant, elle était habitée par les aborigènes. Ce pays et tant d'autres, étaient peuplés de tribus fétichistes: les Mendis, les Mendingues, les Gubos, et les Krus. Fréquentée par des négriers Anglais, Espagnols, et Français, lors de la traite des noirs, un grand nombre de cette population était poursuivi, vendu comme esclave, alors que ce pays dépendait du Portugal. Ainsi, les Anglais exportaient les noirs du Libéria aux E.U.A. Après que l'indépendance de ce même pays fut proclamée en 1776, vint une guerre de secession qui ravagea le pays. Des esclaves étaient affranchis, et les Etats-Unis avait décidé de ramener ces nègres dans leur pays d'origine. Il allait les débarquer sur une petite ile appelée Mesorado de la Côte de Poivre. Ils s'étendirent vite peu- à -peu jusquà Monrovia qui devint la Capitale du pays en 1923. Le 26 Juillet 1947, ils proclamèrent leur indépendance qui fut reconnue en 1948 et prit le nom de Libéria.

*****

D'un commun accord, trois frères se mirent ensemble dans l'Afrique de l'Ouest pour fonder en 1625 le Dahomey. Chacun d'eux gouvernait une partie de ce territoire qui se trouvait tout le long de la rivière Mono. Cette dynastie se convertissait en un seul royaume après un coup d'Etat porté par un membre de cette famille au XVIII ème siècle. Puisque les Européens avaient un marché d'esclave sur la côte, que le roi considérait comme une source de gain, il entrainait bien son armée qui, d'habitude, encerclait des villages destinés à cette fin; à la faveur de la nuit dans un silence absolu. Et à l'aube, elle capturait vivant un grand nombre de gens qui furent lors vendus aux Européens comme esclaves. Les Français furent les premiers à débarquer dans la région. Au cours des années 1890, les militaires Français avançaient à l'intérieur, au fond du territoire. Ils le dirrigeaient pendant 60 ans. Le Dahomey fut indépendant en 1960. Il devenait la République du Bénin en 1975.

*****

Imaginons que des inconnus sont apparus brusquemment sur une habitation. Il s'imposent comme s'ils étaient les vrais propriétaires; alors qu'ils n'ont absolument aucun droit sur ces terres, aucun droit sur les familles qui habitent ces propriétés; ils leur demandent à tous de dégurêpir, de disparaitre, de vider les lieux. Qu'en diriez-vous, si cela vous arrivait? Que ferriez-vous dans cette circonstance? Que diriez-vous du cynicisme, de l'audace, de la posture de ces étrangers insolents? Quelle sera votre réaction en face de telle imprudence? Evidemment, c'est ce que les Européens firent en Afrique. Les Allemands, les Portuguais, les Italiens, les Anglais, les Français, les Hollandais, les Belges etc. Ils se rendaient partout asservir agressivement le monde des noirs.

En 1891, la Mozambique, connue sous le nom de l'Afrique de l'Est Portuguaise, fut partagée par des frontières au Sud et à l'Ouest, par un traité imposé au Portugal par la Grande Bretagne. L'Afrique de l'Est Allemande acceptait celles du Nord qui la revenait, en 1894. En dépit de leur présence sur ce territoire, les Portuguais ne pouvaient le soumettre à leur gré, à cause des difficultés qu'ils rencontraient. A cet effet, ils s'efforçaient de collecter des butins sur les côtes, s'imposer militairement, et par des lois, afin que leur pouvoir fût respecté.

En vue de réaliser leur plan, des concessions de terre étaient accordées à des compagnies qui, principalement, s'occupaient du commerce tout le long des compagnies de Rhodes, dont la plus grande s'appelait la compagnie de Mozambique, qui était fondée en 1891. Elle recrutait lors, le peuple comme des ouvriers, et construisait un chemin de fer qui devait relier le territoire Britannique de Rhodes, à une compagnie de l'Afrique du Sud et au centre de l'Afrique Britannique au Nord-Ouest. Puisque le Portugal luttait au côté des alliés contre les Allemands, il put contrôler l'Est de l'Afrique Portuguaise. Divisé en deux, une partie était dirrigée par le Portugal, tandis que l'autre, par les compagnies qui avaient une bonne relation avec la compagnie de la Mozambique. Et quand leur contrat se terminait en 1942, ces régions s'arrangeaient du côté de la colonie.

Lorsque Salazar arrivait au pouvoir, une dictature féroce y était instituée. L'entrée libre dans le pays fut accordée à des milliers de Portuguais; et les meilleures positions étaient réservées aux blancs; tandis que les indigènes recevaient un mauvais traitement, et des punitions. Ce comportement injuste du régime, n'attirait que des révoltes, et la guerrilla réclamait la liberté. Eduardo Mondlane qui adoptait le nom de frélimo, dirigeait un groupe d'exilés à Tanganyika sous l'égide de Front de libération de la Mozambique. La campagne militaire que commençait Frélimo en 1964, durait pendant dix ans de durs combats. Des soldats Portuguais attaquaient constamment, lui et ses compagnons afin de renverser leur movement. Cette guerrilla fut très difficile à vaincre, en dépit de l'assassinat de Mondlane en 1969. Se préoccupant des insurrections en Guinée Portuguaise, et en Angola, ce problème fut un facteur qui provoquait un coup d'Etat militaire qui arrachait Salazar du pouvoir. Ce coup apportait un changement formidable dans l'Afrique Portuguaise. Dans la suite, refusant de redresser la situation, le nouveau gouvernement de Lisbone n'en prenait aucune mesure. Sur ce, toutes les colonies du Portugal avaient pris leur indépendance. La

Guinée Portuguaise était la première en 1974. L'Est de l'Afrique Portuguaise en Juin 1975, prenant le nom de Mozambique. La République du Cap Verde, en juillet; Angola, en Novembre 1975.

*****

Comme tous les pouvoirs politiques ont un début, l'Empire du Ghana commençait au quatrième siècle. Etant fort, il occupait le Sénégal de l'Est, le Sud-Ouest de Mali, et le Sud de la Mauritanie au dixième siècle. Un commerce florissant s'établissait avec les Etats Arabes à travers le Sahara. Comme tous les royaumes disparaissent au cours des ans, il déclinait au cours du treizième siècle, et était remplacé par l'Empire du Mali.

Tombouctou et Djénné étaient transformés en deux points importants à cause de l'évolution de son commerce à travers le Sahara. Vers l'an 700, l'Empire du Songhai était fondé au milieu du Niger. En 1468, il devenait très puissant; il était dirigé par Sonni Ali Ber, et Askia Muhammad. Il fut conquis par les forces Marocaines qui étendaient des bases solides à Gao, Tombouctou et Djénné en 1591.

Au dix-neuvième siècle, al-Hajj' Ulmar entreprenait une guerre contre les paiens; il était un membre de la tribu Tuku. Il fut tué en 1864, après avoir conquis Ségou, Macina, et Tombouctou qu'il pillait. Les

Français y apparaissaient en 1880. Conduite par Samoury Torré, une opposition les contrecarrait. Il fut capturé et exilé. La capture de Sikasso en 1898, mit fin à la conquête Française. Cette partie de l'Afrique de l'Ouest Française adoptait le nom de Soudan Français. Les Français construisaient le hangar du chemin de fer de Dakar Bamako et le projet de développement du Niger Delta.

En 1946, les Soudanais devenaient des citoyens Français, avec représentation au parlement Français. Sous la constitution de 1946, le droit de vote était agréé, et une assemblée locale était établie. Le suffrage universel était établi en 1957, lorsque des pouvoirs étaient donnés à l'assemblée territoriale, qui avait aussi reçu le droit d'élire un conseil des ministres qui sera responsable des affaires internes de cette forme de gouvernement. En 1958, sous la constitution de la cinquième République Française, le Soudan Français devenait une République autonome. Il s'appelait la République du Soudan dans la communauté Française.

En Janvier 1959, à Dakar, les représentants de la République du Soudan, le Sénégal, le Dahomey, et la Haute Volta, rédigeaient une constitution de la confédération du Mali; unies, les assemblées de la République du Soudan et du Sénégal la ratifiaient et devenaient des membres de la fédération. Plus tard, au cours de la même année, la nouvelle fédération du Mali demandait à la communauté Française de l'accorder complète souveraineté tout en la permettant de rester membre de la communauté. La fédération du Mali devenait un Etat souverain en Juin 1960.

*****

Le Kénia est appelé "le berceau de l'humanité", l'endroit où les premiers humains apparaissaient dit-on? Dans l'Est de l'Afrique, les tribus se répandaient en trois divisions distinctes: les Nilotes, les Bantus, les Cushites. Les Cushites se trouvent dans le Kenia actuel, un territoire Nord Africain fondé aux environs de 2000 AC. Ils étaient des chasseurs, des agriculteurs, des gardiens d'animaux domestiques. Aujourd'hui, ils forment une petite partie de la population. La Somalie, Boni, Rendille, et les tribus Wata sont des Cushites. Les Bantus et les Nilotes arrivaient dans cette partie du pays aux environs de l'an 400. Ils venaient du Nigéria et du Cámeroune, c'est-à-dire, l'Afrique de l'Ouest.. Les tribus Kikuyu, Mijikenda, Dawida, Taveta, et Akamba, émergeaient d'eux. Les tribus Masai, Luo, Kalenjin, et Turkana sont des Nilotes. Ensemble, ils representent les Kéniens de nos jours. Les Bantus apportaient de nouvelles téchniques servant à transformer le fer. Ils s'occupaient non seulement de l'agriculture, mais aussi de la pèche, de l'élevage, de la chasse, de la vente de leurs produits fabriqués en fer à d'autres tribus qui, spécialement, se dédiaient à chasser. Vers l'an 1000, les téchniques de l'âge de la

Pierre taillée étaient remplacées par celles de l'âge du fer, et des méthodes nouvelles apparaissaient.

Aux environs du septième siècle, l'histoire du Kénia avait subi une grande transformation lorsque les commerçants Arabes commençaient à venir au Kénia dans des bateaux à travers de l'Océan Indien. Au cours du huitième siècle, les Arabes et les Perses fondaient des colonies tout le long de la côte. Ainsi, le Swahili, une langue Bantu en combinaison avec des mots Arabes prêtés était créé. Le Swahili était devenu la langue principale des tribus. Aussi, les commerçants Arabes et Perses apportaient au Kénia leur religion avec eux. Aujourd'hui, la majorité des gens qui habitent la côte sont des muslims. Dès le début, ils achetaient des esclaves qu'ils transportaient à la Peninsule, au Golfe persique, et aux autres régions Asiatiques.

Construite sur la côte du Kénia, la ville de Malindi reçut le bateau du Portuguais Vasco de Gama en 1498. A partir de ce moment-là, la colonisation du Kénia commença par les Européens. L'amada de Francisco de Almeida envahissait plusieurs villes côtières en 1515. Pour piller Mombasa, l'une des grandes villes du même pays; les Portuguais y revenaient en 1525. Après 33 mois de siège, les Arabes de Oman se saisissaient de Mombasa en 1698. Et plus tard, les Portuguais laissaient définitivement l'Afrique de l'Est en 1729. L'esclavage était considéré comme une récolte très profitable pour les Arabes de Oman; ils étaient pesés sur la même balance que les Portuguais par les Africains. Ils n'étaient pas bien vus. A son tour, Oman tomba aux mains des Britaniques qui désiraient contrôler la région. Se rassurant que leur filet colonialiste tenait bon dans le continent, dans une conférence à Berlin, les Européens partageaient comme un butin, l'Afrique entre eux. Les Allemands se saisissaient de Tanganyika, aujourd'hui Tanzanie, les Anglais de Kénia et de l'Urganda. Ces derniers étaient plus interressés de diriger l'Urganda à cause de la rivière du Nil que le Kénia. En 1885, les deux étaient devenus un protectorat Britanique. Un chemin de fer était contruit à travers le Kénia, qui devenait un point important dans la transformation du pays.

Il y eut plusieurs raisons qui révoltaient les Africains contre la colonisation. Les Britaniques s'emparaient de beaucoup de terres qu'ils distribuaient aux blancs; ils déclaraient qu'elles leur appartenaient. Ils refoulaient le peuple, et les tournaient en ridicule dans leur propre pays. Ils forçaient tout le monde à payer des taxes. Etant donné qu'il n'y avait pas d'argent, ils obligeaient au peuple de travailler sur ces mêmes terres afin de les payer. Aussi, sur ces terres, ils travaillaient sans salaire; et les licences permettant de cueillir du café n'étaient accordées qu'aux blancs.

Plusieurs groupes politiques se formaient et luttaient contre les intrus. Instruits par des Kéniens, ces

Africains étaient imbus de leur histoire. En 1921, Harry Thuku était incarcéré, parce qu'il organisait des grèves avec l'organisation de Tikuyu qu'il a créée dans le nom de l'Union Africaine du Kénia, appelée plus tard, l'Union Nationale Africaine du Kénia, conduite par Jomo Kenyatta qui la reconnut. Enfin, Mau Mau se révoltait de 1952 à 1960, ce qui marquait un point déterminant dans les protestations. Cette révolution était conduite aussi par les Kikuyu qui habitaient dans les plateaux depuis avant l'arrivée des Anglais. Enfin, ils accordaient l'indépendance au Kéniens le 12 Décembre 1963. Alors, le Kikuyu Jomo Kenyatta devenait le premier président.

*****

Il y a un autre témoignage, tiré d'un article écrit par Janet Klug qui pourait nous donner un exemple précis sur ce que nous voulons élucider. Elle dit: "Le mot colonie dérive du latin. L'ancienne Rome pratiquait d'étendre la civilisation en fondant des colonies par des fameux vétérands Romains qui étaient en pension dans des endroits frontaliers. Il y a plusieurs grandes nations qui commençaient comme des colonies: Carthage était une colonie Phénicienne, la Grande Bretagne était une colonie de Rome, et les Etats-Unis d'Amérique commençait avec 13 colonies séparées Britaniques. Le colonialisme est définie comme une puissance qui contrôle un pays, un peuple dépendant; il n'est pas bien vue dans l'historiographie récente.

Dans bien des cas, la nation qui contrôle, exploite le peuple et les ressources naturelles de cette colonie. Ainsi, le colonialisme a donné au monde de la collection des timbres, quelques timbres particuliers. Le pays centre Africain connu comme la République Démocratique du Congo, a une longue et triste histoire d'exploitation coloniale, en commençant avec des extractions impitoyables de son cahoutchouc, et de son cuivre. Plus tard, l'exploitation se concentrait dans les riches dépots de mineraie, plus particulièrement de l'uranium, de cobalte, de diaman, de l'or, d'argent, et du zinc.

Connu une fois comme "chaudron d'enfer" pour sa combinaison léthale de ses maladies tropicales, des parasites qui tuent, des natifs hostiles et des terrains impassibles, cette partie de l'Afrique était l'une des toutes dernières à être exploitée par les Européens. Henry Morton Stanley du Dr Livingstone, était le premier à explorer avec succès le pays, à partir de 1876. En 1885, le roi Léopold II de la Belgique, a établi que le Congo est un Etat libre comme son domaine privé à travers de l'Association Internationale Africaine, une compagnie qu'il contrôlait qui n'avait aucune connection avec le gouvernement Belge.

L'Etat libre de Congo était un livre de textes, exemple de corruption, de mauvaise gestion, de cruautés inhumaines, et d'exploitations impitoyables. Les choses allaient si mal qu'en 1908, le gouvernement Belge dépouillait son roi de sa propriété Africaine, et créait la colonie Belge du Congo. Pour indiquer le changement, les dépots des timbres sur lesquels s'inscrivait "Etat Indépendant du Congo", étaient imprimés comme "Congo Belge"... Après la deuxième guerre mondiale arrivait la plus importante collection de Congo Belge, ayant trait à des figures sculptées, et des masques de la tribu de Baluba.

Le Congo a eu son indépendance en 1960. Ruiné par la guerre civile, et par l'agitation qui continuent jusqu'au 21me siècle, son histoire comme une République indépendante n'est pas plus heureuse que son chapitre colonial"...(Janet Klug)

*****

Et pour ne citer que ces exemples-là, il y eut des formules, d'autres choses vraies qui se passaient telles que: tutelle, piétinement, esclavage, mauvais traitements, exploitation des dizaines d'autres pays de l'Afrique que nous n'avons pas assez de temps d'en parler dans ce livre. A la croisée des chemins, toutes les vertus sont dites écloses. L'ordre des idées change parfois, et s'en va de lieu en lieu, par mille voies. Et le "teint piquant" des oiseaux drôles des cimes, se métamorphose pour ressembler aux "mabouyas", qui n'ont pas de couleur fixe au devant de leurs admirateurs et les objets. Au nom du ciel bleu, la négritude demeure invariable, quelque soit son langage. Son histoire et son espoir se convergent vers un même but, la liberté; la liberté de choisir comme tous les peuples son destin, vivre libre ou de mourir. Aujourd'hui, les peuples noirs, après avoir subi des épreuves innombrables, ont tendance à apprendre chez leurs anciens maitres assagis, les téchniques modernes, susceptibles de leur permettre d'évoluer, sans pour autant renoncer à la recherche de la paix, but ultime de tout être doué de raison.

Par conséquent, dans une vue d'ensemble, de libérations opérées à travers le monde par des pays noirs, aujourd'hui indépendants, il est à déterminer que la cause est unique pour tous, et son visage le même partout. Dans le temps, le continent était divisé en Afrique Mineure, Afrique Méridionale Anglaise, Afrique occidentale Française, Afrique Italienne, Afrique de l'Ouest Portugaise, l'Afrique de l'Est Allemande, le Congo Belge, l'Afrique Britanique, etc. La France à elle seule s'étendait dans les parties équatoriales, occidentales, orientales etc. Or, l'ensemble de ces colonies étaient sous la domination des Européens, d'où, les douleurs des noirs en esclavage en Amérique, se réflétaient sur le visage de leur mère-patrie, Afrique, à cause de la férocité de la mainmise de ces mêmes exploiteurs qui l'avaient aussi colonisée. Jusqu'aujourd'hui, ils mettent encore leurs pieds sur le cou des pays du continent. Ils sucent leur sang en se qualifiant d'être des pays amis...

*****

Ayant longtemps vécu, comme quoi, du cosmopolitisme, l'Afrique et ses fils dispersés, encore sous la tutelle idéologique des super-grands, sont privés par des faits concrets, de leur autonomie. Les géologues parlent de son développement économique boiteux, à cause du sol, du climat etc. Ont-ils raison? La majeure partie de la population vit à la campagne. Ceci explique clairement que ce coin était le meilleur refuge de l'homme depuis des temps reculés. Cette terre où nous marchons n'appartient qu'aux hommes; aux hommes qui y sont nés, et à ceux qui ont lutté pour la maintenir en pleine forme.

Lorsqu'on considère le zèle excessif de la plupart des hommes placés en tête de chacun des pays de ce continent, toujours en faveur des intérêts des peuples d'outre-mer; lorsqu'on considère leur zèle amer d'exécuter à la lettre le plan politique que leur confient leurs nouveaux maitres, à massacrer, à décimer leurs compatriotes les mieux éduqués, à l'avantage d'une idéologie quelconque; quand on considère comment on exploite les richesse de ce beau pays qui produit plus de quatre-vingt pour -cent (80%) des resources mondiales constituées de : café, des fruits, du poisson, de la laine, du phosphate, du pétrôle, du gaz, du fer, du sel, de l'argent, du zinc, du vin, de l'huile d'olive, des légumes, du sisal (pitre), de la manganaise, de l'uranium, de l'or, de l'arachide, du cacao, du tabac, du coton, de l'asbestos, du nickel, du diamand, du marbre, de la viande des boeufs, du bétail, des moutons, des chèvres, du cheval, des ânes, des éléphants, du lion, du tigre, du zèbre, du thé, du plâtre, du cobalte, de l'alluminium, du cahoutchouc, de la beauxite, de la canne-à-sucre, du copra, du manioc, du maïs, du millet, du riz, du sorghum, de l'igname, des pommes de terre, de l'essence de vanilla, du parfum, de la potasse, du bois, des planches, des produits en bois, du tourisme, du granite, des peaux, des épices, de l'arôme du sucre, de la banane, de la figue banane, de la cire, du beurre, du coco, des textiles, du chrome, des mangots, des oranges, du charbon, du poivre, du fer-blanc, de la canelle, du raisin, des tomates, des gingembres, du titanium, de la platine, du vanadium, de la gomme, du cinnamon, des pierres précieuses, des tortues de mer, des lapins, des cochons etc., on dit non! Quand on considère qu'ils n'hésitent pas, pour satisfaire leur besoin personnel, pour un lingot d'or, des citoyens nient leur nationalité, camouflent par des trucs, des assassinats en masse; ils persécutent et poursuivent des gens souffrants de toutes sortes de maux, qui ne sont pas d'accord avec les doctrines qu'ils prêchent; ils sont violents et apatrides. D'autres groupes sont débiles, et n'ont pas de resources d'aider leurs familles, ils les embochent à couper de la canne-à-sucre dans les champs, à planter et à récolter des denrées dont ils ne bénéficient pas eux-mêmes un pour cent (1%) du profit, on doit élever la voix ensemble avec eux pour dire non. Non à la misérable condition d'inconscience des fils d'un pays avides de pouvoir, aveugles au détriment de leurs frères, de leur culture. Ainsi, ils encouragent une autre traite par traitrise. Les dépouilleurs sont toujours sur place pour vous exploiter et rire de vous.

Envahie par des pays impérialistes, qui y ont introduit leurs formules de démocratie, de communisme, de socialisme, de facisme, de nazisme, etc, l'Afrique a été abusée spirituellement et matériellement. Elle a été imposée des types de gouvernements fantômes qui réclament de la légitimité par la force, et qui ont ruiné leur économie, leur apparence, leurs ressources naturelles jusqu'à ce qu'elle soit réduite en un état déplorable. Parce que ces idéologies les excitent à faire la guerre entre eux à l'avantage de leurs soit-disants protecteurs politiques qui se moquent d'eux. Tous ceux qui se tiennent sur le podium avec un programme différent en main, sont tous tués, portés disparus. Un grand nombre de ces cinquante-trois pays ont lutté d'arrache pieds afin de sortir sous la dictée de cette pieuvre sanguinaire qui vient de partout, pour sucer leur sang, et les détruire. Hélas! Une grande partie de ces populations est si naïve, elle ne comprend pas les trucs de ces "sangsues" (mollusques qui vivent dans des rivières, qui sucent du sang). Elle est bâillonnée, elle ne peut bouger.

Tout ce programme institué par eux, n'a d'autre but que de ne jamais la permettre une chance de devenir ce qu'elle a été avant. Pour ce, ils comptent détruire son unité, en la distrayant à l'aide des vaines disputes territoriales, régionales, tribales et politiques; c'est la même tactique de partout; attisser le feu de la guerre, afin de rompre la chaine de la bonne entente; qu'elle n'atteigne pas le sommet de ses rêves, comme il en fut question lors de ces époques glorieuses. Ils font tout leur possible, en mettant un coq en face de l'autre comme il en est question sur la piste d'une gaguerre; alors, ils sont les spéctateurs qui battent les mains jusqu'à la défaite de l'un d'entre eux. Si vous voulez atteindre votre trophée, il faut éliminer le favoritisme et le fanatisme politique, la tête basse au devant de vos semblables, le nespotisme, la dictature, les pots de vin, les conditions qui vous font des apatrides.

Agitée par des ébranlements de l'histoire, endoctrinée, l'Afrique s'est laissée docilement conquérir. Elle a déposé aux pieds des soit-disants civilisés, sa vocation, ses ambitions, ses resources, sa culture, toute sa potentialité etc. Soumise aux idées abusives qui, dans ses veines lui ont été malheureusement inoculées, elle doit apprendre que pour survivre et grandir, les richesses secrètes de la nature possèdent des propriétés innombrables, pouvant, à son insu, l'aider à être en toute chose,

ni acide, ni alcalin. C'est naturel d'avoir une opposition. En tout, il faut qu'il y ait un positif et un négatif; ce qui est beau, vous avez l'avantage d'apprendre de cette opposition, et progresser. Pour extraire ses richesses, les convertir en quelque chose d'autre, il est prudent de mettre en pratique ce qu'elle a appris des pillards. Ne tuez pas votre peuple! Ne le maltraitez pas! On se demande où sont passé son orgueil, son respect, son prestige? Quand on considère que toutes ces choses se trouvent dans la préservation de sa culture, dans la répartition équitable des richesses du pays; ce qui stabilisera le future de chaque citoyen, et assurera sa participation dans les affaires politiques sans peur. Quand on considère que dans toutes les nations du monde, il y a des richesses incroyables qui se distribuent seulement dans un petit groupe de gens, qui méprise le sort de la masse. C'est injuste. C'est incorrecte. Peu importe si elle meurt de faim; peu importe si elle ne peut se vêtir, se procurer du logement pour sa famille. Même si elle fournit des billions de dollars de profit par jours aux companies pour lesquelles elle travaille, elle n'en gagne pas même un pourcent (1%) de la production. Peu importe! Pas de sécurité financière pour elle, pas d'avenir. Représentant la tête de 53 nations, individuellement, vous les autorités de chacune d'entre elles, êtes responsables de leur honneur, de leur bien-être, de leur déclin, de leur déchéance, de leur succès, de leur future.

Du Cap-town à la libye de Kadhafi qui, malheureusement, a été éliminé au cours de la dernière guerre, d'ici aux Afrique-filles, c'est-à-dire, tous les pays qui ont une majorité noire, sont handicapés, paralysés sous le poids des pays du grand Nord, qui sont en charge des grandes décisions du monde, parce qu'ils sont riches. A cause de cela, les extraterrestres qui sont à la tête du future ordre mondial, continuent d'exécuter leur plan, en mettant leur pied droit sur le cou des sociétés noires, afin de garder leur méthode de servitude en action. La question est, qu'ils ne veulent pas voir aucune nation noire sortir de la misère, respirer rune bouffée d'air frais. Non!

Ne vous y trompez pas! Ils n'accepteront jamais quelqu'un qui ne va pas mettre en application leurs projets, en tête de ces pays. Dans ce cas, l'humiliation, la déception, la souffrance, l'esclavage sous une autre forme, sont permanents jusqu'à… Ils créent un système, le même système contre eux sur la carte mondiale. Bien des fois, les chefs d'Etat sont contraints d'agir contre leur peuple, parce qu'ils sont téléguidés par des forces naturelles et surnaturelles…

CHAPITRE TROIS

LES MANOEUVRES DES COLONS. CONTRE LA LIBERTÉ EN HAÏTI

Prenons le cas d'Haïti, qui, ces derniers temps, a attiré l'opinion internationale, après ses multiples coups d'Etats et les révoltes réitérées. Ce pays devrait être un exemple de liberté, puisqu'il est la première République noire dans le monde, à pouvoir briser les chaines Européennes de ses poignets. Créé en 1803 à Arcahaie, son drapeau a été hissé pour la première fois, par une cohorte de va-nus-pieds, qui ont pu battre et chasser de cette terre glissante et chaude, l'armée de l'une des plus grandes puissances de l'époque. Plus de quatre-vingt mille soldats français ont été vaincus sur le théatre de la guerre en Haïti. A Vertières, au haut du Cap, unis, les nègres d'Afrique ont remporté une victoire spectaculaire sur l'armée Napoléonienne. C'était une grande surprise pour l'empéreur, et pour le monde. Car, il ne pouvait comprendre comment cela était-il possible? Et pourtant, "il y a un canal au travers duquel, l'eau coule dans la tige du giromon", répétait souvent l'une de mes tantes. Dès lors, munis de très bons sentiments, ces nègres accouraient à l'aide, à plusieurs pays de l'Amérique Latine, afin de les libérer aussi de la malédiction de la colonisation et de l'esclavage. Cette campagne militaire, désormais, a été la méthode à suivre partout ailleurs dans le monde.

Les années se sont écoulées, les gens ont beau commenter, parler de ces choses pendant plus d'un siècle. Après que l'ennemi eut éliminé un à un les pères de la révolution, le plan de salut des nègres en Haïti a été égaré. A nul autre pareil, aucun nègre, intelligent soit-il, ne put depuis, relever le défit, le prestige et l'orgueil de peuple noble, fier qu'il était à l'Arcahaie (1803) et aux Gonaives en 1804. Cette honte a persisté, et persiste jusqu'à ce jour. Depuis après la disparition de l'Empéreur Jean-Jacques Dessalines, presque tous les hommes d'Etat de la République d'Haïti ne sont que des mannequins téléguidés par des téchniciens habiles, amis intimes de leurs anciens maitres, qui se sont ligués ensemble afin d'utiliser tout ce qu'ils savent de stratégique et de tragique, pour détourner Haïti du bon chemin et du progrès. Ainsi, ils parvenaient à la réalité de déboucher sur une voie, un moyen pour la punir d'avoir réussi à se libérer de leur tutelle, de leur enfer.

Aucun chef d'Etat n'a jamais essez de cran, en face des gros magots qui leur ont été offerts, à trahir la confiance nationale d'un peuple libre, visant à sortir une fois de plus de ce marasme, ce spectre grimaçant qui menace de détruire la base du pays. A les entendre discourir, on dirait que le sauveur est descendu sur notre territoire pour délivrer les malheureux de la faim et le chaumage, à panser leurs plaies, guérir le mal de la haine nationale. Ils ont toujours constaté d'après des faits, qu'ils se sont trompés d'individu par apparence, par des beaux discours qui égarent l'attention de plus d'un. "L'argent est la racine de tous les maux". Au sein de tous les appareils d'Etat constitués de : chambre de sénat, chambre des représentants, les cabinets ministériels, les chefs d'Etat, la police, la gendarmerie, le département de la justice etc., tout est corrompu. Où va-t-il (peuple) passer pour sauver l' honneur de la nation? Tous ces fonctionaires ne cherchent qu'un bon moment pour faire un bon coup, s'accaparer du contenu de la caisse de l'Etat, et puis, disparaitre. Tous ont fait la même chose. Ce peuple, est-il condamné à trainer dans la misère, dans de la merde au cours de deux autres siècles à venir?

La Dominicanie qui partage une même frontière que Haïti, joue un rôle d'hypocrite, hait les Haitiens. En compromis avec l'élite Haïtienne, une minorité d'apatrides qui possède les richesses du pays, l'utilise à leur avantage contre la majorité, afin de dominer sur la masse et s'enrichir. Ce qu'a fait un Haïtien bien connu, pour assurer sa position, il a trahi la confiance du peuple qu'il dit qu'il aime; il a signé des contrats avec eux et avec la communauté internationale, pour détruire la production du riz national. Ceci a été fait au détriment de la nation. Les politiciens reçoivent de très fortes sommes d'argent d'eux et des Dominicains afin de créer un marché noir, et faire crever de faim le peuple. Les autorités Haïtiennes acceptent ces compromis en-dessous de la table; c'est pourquoi, elles sont restées immobiles suivant les circonstances, les bras croisés; elles font passer du temps afin de faire oublier les choses, après les massacres perpétrés par les Dominicains sur nos citoyens. Et vous, petit peuple, quand ils vous offrent de l'argent pour aller brûler des marchés, des cahoutchoucs sur les voies publiques, tuer des gens et incendier leurs maisons, sachez que c'est pour augmenter votre misère, et détruire le pays.

Le résultat dépend de ce que vous mesdames et messieurs pensez de vous, de votre pays, de vos familles, de votre indépendance en face d'un monde qui gallope la tête haute, vers un nouveau millénaire qui promet d'être plus glorieux que les précédants. Alors que chez-vous, les principes les plus élémentaires ne figurent pas sur votre carte géographique. Pas d'électricité, d'eau potable, d'hopitaux et de cliniques, pas de routes carossables, pas de quais, d'aviations, nos mornes et nos vallées sont dénudées, pas de végétation etc. Accepterez-vous cette condition pour vos enfants? Seuls, ils se tiendront debout lorsque vous ne serez pas. Vous devriez faire quelque chose d'urgence! Et d'urgence, cicatriser la plaie là où elle saigne.

Des sujets à la radio, à la Télé se sont débattus. Des stratégies pour trouver des solutions ont été présentées; des compatriotes en ont discutées; des experts dans les lettres ont fait pas mal de spéculations. Toutes les règles de la grammaire française ont été appliquées. Tout le monde battait des mains, et en était satisfait, mais, ce n'était pas encore la solution. La roue a beau tourner, la malédiction n'a pourtant pas disparu. Si aujourd'hui, Toussaint Louverture et Dessalines se réveilleraient de leur sommeil, ils vous jetteraient tous en prison pour haute trahison. Ce serait une scène tragique, identique à celle à laquelle s'affrontait le Seigneur Jésus dans le temple; en voyant combien fut odieuse la présence de tous ces marchands dans un lieu saint, un lieu destiné uniquement à recevoir les vrais adorateurs d'un Dieu Saint et Véritable; alors que ce lieu était profané par des intrus. Il les rouait de coup et les chassait. Le même geste devrait être entrepris au sein de toutes les institutions; le temple de la patrie a été profané. Chassons-en les vendeurs, les acheteurs, et la mafia internationale, comme a fait le Maitre. Les malfaiteurs boudent et sont prêts à exterminer les pauvres gens de vos "cités soleil" répandues dans tout le pays; à cause de l'argent, la drogue, les détournements de fonds, la corruption.

Bon nombre de politiciens verreux, malintentionés se réfugient dans ces lieux avec leurs acolytes pour montrer de quoi ils sont capables, par les actions qu'ils posent, en enlevant des gens afin de réclamer une rançon; ou tout simplement, question de règlement de compte. C'est affreux ce système de vol et de terreur. Il faut que la justice trouve un remède à ce mal. On dirait qu'on est pas fréquentable, sociable. Malheureusement, ce mot ne peut pas être cité, autorités, puisque ce sont elles qui servent d'intermédiaires entre les terroristes et les victimes. Comment est-ce possible, si elles ne font pas aussi partie de la bande. Quelle corruption! Cet état de chose fait peur aux touristes et aux fils du pays d'y venir. C'est une perte économique énorme.

Il y avait un pays qui confrontait le même problème; d'un coup, le chef de l'Etat a eu vent que ces destructeurs se dissimulent parmi le peuple dans les "bidonvilles". Tout de suite, il décrétait des couvre-feux, et ordonnait aux gens qui viennaient de la campagne ou des provinces, de rentrer chez-eux. Il leur donnait aussi un délai. Dès que ce laps de temps était terminé, à l'aide des "bulldozers", des "tanks" et de son armée, il détruisait toutes les "bidonvilles". Alors, tous ces gens retournaient d'où ils venaient. Ils cultivaient une fois de plus leurs terres, la prospérité a fait un grand bond, et la paix était rétablie. Eparpillés dans tout le pays, les malfaiteurs furent poursuivis et punis. Mais, si c'est vous, des soit-disants chefs d'Etat, qui leur distribuez des armes à feu afin d'opérer des vengeances pour vous, interposer des groupes l'un contre l'autre, vous n'êtes pas dignes d'être appelés des chefs d'Etat. C'est que vous, les autorités, êtes des faux compatriots, des criminels.

Dans les journaux, les nouvelles du monde entier pleuvent. Les conditions dans lesquelles s'évoluent bien des situations font peur. Les intellectuels, mènent la société où ils veulent. Ils sont réellement très méchants.

Ils sont particulièrement, le malheur pour les paysans. Ils tombent amoureux d'eux, ils les abandonment dans de la déception; parce qu'ils mentent. Ils n'accomplissent pas leurs promesses. Une fois au pouvoir, ils oublient ceux qui les y ont placés. L'important est leur poche, avec l'espoir de revenir cinq ans plus tard pour mentir, tromper une fois de plus leurs interlocuteurs, et garder leur position. La masse paysanne en a assez de ce tohu-bohu, cette lutte pour un pouvoir qui ne leur offre rien que la mort, la faim, de la déception. Ils sont nés dans cette condition, et meurent dans la même condition. Ce qui répugne, c'est que plusieurs d'entre eux ont voyagé, ils ont eu la chance de voir comment fonctionne le monde à l'extérieur. Auraient-ils de l'amabilité, de la pudeur de sauver l'apparence de la Capitale et des villes de la province? Tant pis!

Pour le citoyen honnête, çà fait mal. Il mijote, peut-être en lui-même, que l'Etat de droit que vos ancêtres ont créé, ne se composait que du fruit de leur bravoure, de leur tenacité. Et pour le maintenir en pleine forme, il faut avoir de l'orgueil, la honte et le bon sens, c'est-à-dire, savoir discerner, distinguer le vrai du faux, le bien du mal. Ce qui est parent au patriotisme. Un patriotisme qui augmentera votre orgueil de crier, en avant! comme Capois La Mort qui, à Vertières, cria en avant! Lorsque son cheval fut frappé par le boulet français, il se tint courageusement sur ses pieds dans la bataille. En guise de cela, vous avez coupé tout contact à vos enfants de l'amour de la patrie. L'amour pour votre drapeau, n'est pas enseigné à l'école aujourd'hui. La fête du drapeau a perdu son sens. Vous ne vous en préoccupez pas. La patrie a été trahie et vendue aux enchères. Le patriotisme est blessé et mourant. Tous les types d'animaux féroces y ont pénétré, sauve qui peut! Au secours!!!

La majorité des gens se plaignent de leur condition de vie intolérable, sans emploi, sans avenir. Tout le monde s'est trompé. Cela s'est justifié du fait qu'en aucun temps, personne n'a été satisfait. La situation s'agrave, à ce qu'il parait, il n'y a pas de solution. Vous aviez pu ainsi assisté au déroulement d'un beau spectacle. Cette scène s'est présentée au jour le jour sous les regards attentifs de tous. Elle continue d'être à la mode, inlassablement, à chaque Carrefour de la vie politique du pays. Ceux qui sont les mieux éduqués, sont, par leur attitude, un piège pour le future. Dans un proche avenir, je prédis qu'on ne trouvera pas un conducteur fiable et acceptable aux environs. Les uns croient que la roue doit tourner à droite; tandis que d'autres boudent, réclament qu'elle soit tournée à gauche. Quel non-sens! Figurez-vous, ils se sont tous trompés. Ils sont victimes de leur propre convoitise.

Logiquement, la roue n'est pas fait pour être tournée ni à droite, ni à gauche, si vous voulez rester sur la même ligne que les premiers défensseurs de la patrie. Il y a une chose à surveiller, votre liberté. Ce qui signifie, qu'il y a un but précis, votre économie, votre présence en face de l'opinion internationale, votre respect en tant que peuple libre, la deuxième République indépendante dans l'hémisphère Ouest, après les E.U.A. Que faites-vous de votre infrastructure, votre culture, votre prestige? Vous êtes en retard sur la carte mondiale. Vous devriez être un modèle pour les autres Républiques noires. Où en êtes-vous?

*****

EMPREINTES DU BARBARISME DE LA CIVILISATION.

Affligée, la masse des défavorisés, mérite une attention très spéciale. Elle doit sortir de son trou. Y a-t-il quelqu'un qui l'a vue tomber dedans? Bien sûr. Y a-t-il de l'espoir d'en sortir un jour? Oui. Mais, une chose est certaine, qu'elle ne s'attende pas que sa délivrance viendra des "ismes blancs". Non. Dans le but d'améliorer sa situation, le nègre doit changer son bateau de cap; en excluant les "ismes blancs", pour adopter avec calme, des principes à lui, afin de survivre, au milieu de cet ouragan, ces tourbillons de vents violents, qui veulent mettre fin à ses jours. Ce n'est pas un hasard que cette ile se situe au beau milieu du bassin des Caraïbes. Son nom lui ressemble, c'est vrai. Mais, elle a mérité d'avoir son titre: "la Perle des Antilles". Aucune de ses voisines n'a sa beauté. Elle est coquette et élégante. Elle a une fleur de rose à côté de sa tête, et une richesse invisible sous les pans de sa robe de siame et de velours. Voilà ce qui lui a vallu tant de charmes. Tout le monde parlait d'elle. Elle était un refuge pour tous les pauvres et tous les riches des anciens continents. Ils y trouvaient de l'ombre, de la sécurité, de la richesse, la joie de vivre. Ils l'adoraient parce qu'elle était une terre vierge et très riche. Avec sa voix mélodieuse, elle chantait à Monsieur le soleil, à son levant et à son couchant. Elle avait voulu marcher main dans la main avec lui, parce qu'il la courtisait. Tous ceux qui venaient vers elle tendaient à trouver un refuge sous ses ailes. Charmante, hospitalière, elle a voulu héberger ceux qui s'approchaient d'elle. Belle brune, "griffin créole", ses cheveux suspendaient sur sa hanche. Jolie, elle s'est ainsi laissée tromper par ces pilleurs, à tel point qu'elle a perdu sa richesse et sa douceur. Sur le coup, elle a commencé à maigrir. Elle a perdu sa belle chevelure; sa beauté se fanait. Tous ses courtisans se retiraient de son chemin. Alors que les colons pleuvaient de partout. C'était évidemment des Européens. Des usines de sucre installées partout, vomissaient des billions de sacs de sucre à transporter vers la Métropole, bien entendu, l'Europe. L'exportation du tabac, de la pitre (sisal), du coton, de la banane, de la figue banane, des fruits, de l'or, du café, du cacao etc., constituaient le commerce florissant qui les enrichissait rapidement aux dépens du courage, et des efforts surhumains des malheureux nègres.

Puisque les faibles, c'est- à -dire, les malheureux, ont toujours tort, ils étaient coupés de tout contact avec la source d'exploitation par l'indépendance; dès lors, toute l'Europe s'est fachée contre les nègres d'Haïti. Les Etats-unis, après ses vingt-huit ans d'indépendance, s'est aussi faché contre eux; parce que, en dépit de la déclaration des droits de l'homme, promulguée par l'assemblée nationale Française en 1789, à cause de laquelle, les nègres de Saint Domingue ont, par leurs doléances urgentes, depuis avant 1804, profité du temps pour dire non à l'esclavage, et luttaient jusqu'au sang pour acquérir leur liberté. Ils étaient dès lors, considérés comme une contagion pour la région et le reste du monde. Ils étaient imbus de ce que ces belligérants étaient en train de comploter contre eux.

L'Amérique du Nord, s'était alors interposée à cette délivrance, et à leur épanouissement économique, en face du monde libre, en instituant par la suite, un blocus économique contre la jeune République noire jusqu'à ce jour. Pourquoi? Parce que les nègres d'Haïti furent une contagion pour les esclaves noirs de l'Amérique et le reste du monde. Cette idée de voir, avec quelle bravoure que les héros de la ravine à couleuvre, du Bois Caïman, et de Vertières, se sont rendus dans toute l'Amérique avec anthousiasme et ferveur, prêter mains fortes aux autres pays de ce continent à vaincre leurs oppresseurs. A cet effet, deux cent années (200) ont réuni ensemble tous les mépris, la moquerie, des punitions abusives infligées aux nègres d'Haïti, à cause de cela. Personne n'en faisait attention. L'opinion internationale était aveugle à ce point, pensait que l'Haïtien n'est "qu'un animal sans intelligence, un singe rasé". Une chose de peu d'importance. Nos pères sont morts sous le fardeau de ces qualifications, et nous autres comptons aussi mourir sans résoudre ce fameux problème, mettre un frein au véhicule de cette calomnie, relever le défi. En dépit de tous les profits qu'elle avait bénéficiés des efforts surhumains des esclaves Saint-Domingois, en dépit de leur situation pénible, et de leur lutte, de leur bravoure, la France a alors, placé un ultimatum sur la République d'Haïti d'une somme de cent cinquante million de francs avant de reconnaitre son indépendance. Aujourd'hui encore, la communauté internationale rêve de la mettre sous leur tutelle pour une période indéterminée, afin de voler ses resources naturelles. Elle veut la laisser avec les mains vides tout en la traitant d'être le pays le plus pauvre de l'hémisphère Ouest.

Dans un article paru dans le Boston Globe le Mercredi 21 Septembre 1994 à la page 17, titre, "US dooms democracy by hating Haïti", écrit par Derrick Z.

Jackson; le journaliste a témoigné du courage, en disant la vérité telle qu'elle a été prononcée, sur un sujet de grande importance pour les Haïtiens. Je n'entends pas le critiquer, le condamner de l'avoir publié; il a, par ce geste démontré que ces gens qui ont formulé ces déclarations sont totalement différents à ceux de notre génération. Parce que, aujourd'hui, les gens sont mieux imbus de cette situation, et ont une éducation socio-politique plus scientifiques et soignée qu'alors; par exemple, pensez-vous que les Allemands d'aujourd'hui auraient induit d'escrément le drapeau Haïtien à cause d'une dette?Je crois que non. Pourquoi? Parce qu'ils sont en train de vivre dans une nouvelle époque; ils sont plus intelligents, plus humains, et expérimentés.

Il est dit ce qui suit: "Occuper Haïti, c'est facile. Nous l'avions fait d'il y a 79 ans. La question est si oui ou non, nous allons y établir de la démocratie. Nous ne l'avions pas essayée la première fois. Nous allons échouer une toute autre fois, à moins d'adopter une autre attitude envers l'ile. Presque au cours de ses 190 ans, nous n'avions témoigné à Haïti rien qu'un manque de respect. Haïti, après les Etats-unis, est la deuxième plus ancienne nation indépendante de l'hémisphère Ouest. La défaite des Français par Haïti en 1804, était l'une des raisons qui décourageaient Napoléon de continuer à conquérir notre Hémisphère; du coup, il a vendu la Louisiane. L'écrivain D.W.T a écrit ainsi au sujet du Ouest Américain, "il nous est venu comme l'oeuvre directe d'un nègre méprisé... n'oublions pas notre dette au chef Haïtien, Toussaint Louverture".

Les Etats-unis crachait sur la dette. Au cours de la révolution Américaine, Haïti nous prêtait 900 soldats pour la bataille de Savannah. Au cours de la révolution Haitïenne, nous avions donné à la France $750,000 afin de détruire cette révolution. Le ministre des affaires étrangères Charles Talleyrand a déclaré au secretaire d'Etat des E.U.A. James Madison, "l'existence d'un peuple noir armé... est un spectacle horrible pour toutes les nations de race blanche". La peur d'un spectacle simulaire aux E.U.A. était suscitée en 1882, après la défaite de la révolte des esclaves par Denmark Vessey. Vessey a été inspiré par Haïti. En 1825, la présence d'Haiti a été interdite à une conférence de l'hémisphère. Le sénateur de la Caroline du Sud Robert Hayne disait, "nous ne pouvons jamais reconnaitre l'indépendance d'Haïti... la paix et la sureté d'une grande partie de notre union nous interdit même d'en discuter. Nous reconnaissons Haïti politiquement qu'en 1862. Les E.U.A. exploitait économiquement l'ile, en pourvoyant à presque la moitié des produits importés par Haïti. Les financiers Etatsuniens, Français, Anglais, et Allemands ont converti l'ile en un Etat endetté. Dans un incident, des collecteurs Allemands ont saisi un bateau naval Haïtien, et ont induit d'escrément le drapeau Haïtien. Des bateaux Américains rentraient en Haïti à maintes reprises, disons, à commencer en 1849, afin de collecter des dettes à la banque nationale d'Haïti... Et la GUERRE DE CLASSE entre l'élite égoiste à la peau claire et ses paysans nègres, ont DETRUIT LE DESSEIN de l'indépendance.

En 1915, à cause de sa position stratégique, de sa main d'oeuvre peu couteuse, les Etats-unis occupait Haïti. Les cinq premières années de notre stabilisation, se compromettaient à tuer entre 3000 et 15000 paysans. Nous tournions en ridicule le reste. Le secrétaire William Jennings Bryan disait, "mon Dieu, pensez-le bien! Des nègres qui s'expriment en Français!". Le marin Sindley Butler désignait les Haïtiens de "SINGES Rasés doués d'aucune intelligence, des nègres bas et ordinaires". Le marin colonel L.W.T. Walter disait, "que l'élite Haïtienne n'était que de vrais avares en catimini". Les Etats-Unis occupait Haïti jusqu'en 1934. Au lieu d'organiser des élections libres, et étendre leur richesse, le pouvoir financier restait entre les mains des élites. Au cours des années cinquante, nous avions commencé par appuyer les régimes sauvages des Duvaliers, sous l'égide de anticommunisme. Nous offrions d'entrainer des oficiers de l'armée Haïtienne. Au cours des années quatre-vingt, même après que Baby Doc laissait le pouvoir, notre CIA payait aux militaires entre trois millions et six millions de dollars afin de mettre fin au traffic de drogue. Les Haïtiens empochaient l'argent et devenaient une chaine de montagne pour le cartel de Medellin.

En 1990, Haïti donnait 67% de vote dans sa première élection libre au prêtre réformiste Jean-Bertrand Aristide. Les Etats-Unis d'Amérique faisait reculer Bazin, un ancien économiste de la banque mondiale". Au cours de 190 ans, les E.U.A. ont investi de très grandes énergies à haïr les Haitïens, qu'ils fussent les révolutionaires qui avaient vaincu les Français, les paysans qui avaient été assassinés en 1915-1920, aujourd'hui des refugiers à Guantanamo. Tout au début, les Etats-Unis haïssait les Haïtiens du fait qu'ils nourrissaient l'espoir des esclaves en Amérique de pouvoir se libérer. Ce pays les hait aujourd'hui, parce que, même si c'était une élection d'Aristide, ou bien des milliers de gens s'enfuyaient vers Miami après le coup d'Etat, ces habitants noirs des bas quartiers et des colines dénudés, boucs émissaries du sida, et stéréotypés de imbéciles du vaudou qui refusaient aux E.U.A. de faire reculer l'élite qui suprimait leurs rêves de démocratie." Fin de citation. Chaque mot dans ces phrases ci-dessus, sont marquillés et bien habillés d'une robe blanche, d'un capuchon noir, et d'un ruban rouge de racisme, par ces individus qui les avaient dits. Ce sont des empreintes fraiches du racisme dans notre société du vingt-et-unième siècle débutant.

A cet effet, lorsque le président Jefferson arrivait au pouvoir, il avait placé le premier embargo sur Haïti en 1806. C'était un signe qui démontrait avec quelle intensité, son racisme haïssait la République d'Haïti. Et, à cause de cette autonomie-surprise, les relations internationales, le commerce avec l'extérieur, toutes sources d'aide pouvant l'encourager à démarer vers le succès, étant une jeune République qui les nécessitait, étaient coupées. Cet embargo durait soixante ans. Ce n'était que le président Abraham Lincoln qui enleva ce blocus (1863-1865) en envoyant Frédérick Douglas comme premier embassadeur des E.U.A. en Haïti. Alors, pendant cette longue période de temps, les usines qui étaient la base de ses resources, étaient fermées. Ce scénario a continué au cours des années dans une lutte incessante. Plus tard, au cours des années 1940-1950, elles s'en allaient plutôt (compagnies) s'installer à Cuba et dans d'autres pays. C'est pourquoi, tous ceux qui travaillaient lors, dans ces usines, hors d'emploi, le jugeaient bon et nécessaire de se rendre à Cuba, et vers d'autres pays, où trouver le pain quotidien. Bon nombre d'entre eux, jusqu'aujourd'hui, ne sont jamais revenus.

Par la suite, ce même pays a institué deux autres embargos sur ce peuple, juste pour le faire souffrir, le rendre caduc par rapport à son future. Dans la suite, face à une crise économique, l'Etat prêtait de l'argent dans des banques étrangères. Incapable de le rembourser, il a essuyé dans des circonstances tristes, des insultes sur insulte. Quatre-vingt pourcent de ceux-là qui participaient dans la guerre de l'indépendance ne pouvaient ni lire, ni écrire. Même Henri Christophe était un illétré. Mais, il n'y a qu'une chose qu'ils convoitaient, lutter farouchement en se trahissant continuellement pour le pouvoir. Cette lutte ne s'arrête pas, elle se poursuit encore, en rassemblant tout autour de ce trône maudit, des groupes politiques qui, apparamment, n'ont aucune vision de faire prospérer cette portion de l'île.

Incité par la doctrine de Monroe, les E. U. A. fut habile à influencer ses aimables voisins où il pouvait s'installer aisément, implanter à son avantage, des appareils d'Etats et de production. Ce qui lui a été un mérite, c'est qu'il se préoccupait de plusieurs domaines: l'asphaltage des routes, l'infrastructure, de l'eau potable, construction de certains édifices, l'institution d'une armée auxiliaire à la sienne. Cette situation était pire que l'embargo que le même pays avait imposé contre les Haïtiens après le départ du président Jean-Bertrand Aristide en 1991; dont les conséquences produisent des maladies, la faim, la mort, la malnutrition, le chômage en bloc, des assassinats, de la frustration, de l'instabilité, de l'insécurité, des délits partout, les "boat-people", le "zinglindoisme", et des révoltes répétées. Tout cela fait partie du ballot des punitions infligées aux nègres d'Haïti pour la même cause.

Donc, le sous -développement du peuple Haïtien a eu des précédents; et les auteurs doivent en être conscients. Dès ce moment-là, la Perle des Antilles a commencé à remarquer les torts dont elle a été victime. Par ingénuité, ses prétendus amis lui ont chipé le trésor qu'elle cachait sous les pans de sa robe. Dès ce jour-là, le soleil lui a trahie. Elle sut désormais, quand il lui montrait ses dents, il ne souriait pas vraiment. Il camouflait quelque chose sous sa veste pour la ruiner. Il s'échauffait quatre fois de plus au-dessus de sa tête; et elle, en pleurant, gardait le petit signe d'amour qu'elle a pour lui dans son Coeur; malgré vents et marrées, cette rose est toujours là dans ses cheveux, elle se fanait. Lorsqu'elle a un problème, elle passe sa honte par derrière son dos, coure vers lui qui la méprise. La lune et les étoiles s'enfuyaient devant sa face. Elle se débattait dans sa peine. Elle s'est mise à lutter jusqu'à ce jour pour sa vieillesse de paix. Depuis, elle n'a connu de la vie que de l'enfer, le mépris, la honte, la calomnie, la peur, la faim, la persécution.

Démunie, exploitée, elle est fatiguée sous le joug de l'oppression politique qui la ravage. Malgré lui, elle a poussé des cris d'alarme, justice, justice! Sa voix est trop faible pourque l'opinion internationale de perdre son temps à l'écouter. Son sang, de temps à autre, au cours de sa soufrance, a giclé. Il a coulé pour la sauvegarder des déboires et de la servitude atroce. Alitée, elle traine sur son lit de jonc … Unique en son genre, elle souffre de la maladie du siècle : l'ignorance, la malnutrition, l'analphabétisme, l'égoisme, l'exploitation, la violence, la violation des droits de l'homme.

Haïti, tu as perdu ta fierté. Tes villes, tes faubourgs sont en guenilles. Tes montagnes sont dénudées. Tes cocotiers ont été aspergés d'un liquide mortel; ils sont desséchés. Tes rivages ne fournissent pas de poissons. Tes rivières sont presque taries. Tes maisons, pour la plus part, sont sales, en désuétude. Tes rues sont trouées. Tes routes sont impraticables. Perle des Antilles signifie de préférence: trahison, destruction, pillage, sorcellerie, drogue, charnière, pièges, vols, haïr les siens, règlements de compte, enlèvement, "zinglindoisme", "père lebrun". Ceux, qui, au hazard, viennent compatir avec toi ton sort, envisagent pendant leur passage, d'accaparer de ce qui reste de précieux chez toi. Aie soin d'enlever les pailles que tes ennemis placent dans tes yeux afin que tu ne puisses voir et comprendre. Dans le but de redresser ta situation, et changer ton visage, il est logique et obligatoire, que tous ceux qui ont les possibilités économiques en Haïti, et les compatriots qui sont en train de vivre dans la diaspora, contribuent avec les faibles moyens de l'Etat Haïtien, d'essayer de restaurer dans un cours délai, toutes les enterprises qui sont fermées; elles constituaient le poumon de la production nationale. Une fois de plus, que tu te rappelles que tu étais une fois prospère, très riche à cause de ton sucre, et de tes autres denrées; tu auras une chance de respirer, si tu as de la volonté, car, cette restauration te ressucitera de ton état de coma. Citons, le ciment d'Haïti, la centrale de sucre Hasco, la centrale de Dessalines des Cayes, la centrale d'Abone de Léogane, la centrale Welch de la Région du Nord, la Huilerie des Caraïbes, la Savonnerie des Caraïbes, la Beurrerie du Sud, l'Entreprise de Jus de Tomate Samosa, Haïti Metal, la Minoterie d'Haïti, l'Aciérie d'Haïti, etc. Tu planteras des arbres fruitiers, non des arbres stériles, dans tes plaines et montagnes, Tu pourais ainsi reconquérir ta beauté et ta bonté égarées. Fraie un chemin salutaire au milieu de toutes les lianes qui se suspendent sur ton chemin. Quand tu atteindras le sommet de ce rêve béni, tu sauras que tu as le pari; parce que tu ne travailleras pas à la solde des "ismes" blancs, et tu ne trahiras jamais plus les tiens. Tu reverdiras, et tu seras autonome et prospère.

*****

BICENTENAIRE.

Vous ne vous êtes jamais trompé d'adresse, lorsque vous parlez de ce que vous savez, et quand vous allez où vous connaissez. Vous êtes tout ému lorsque vous énumérez les dégats causés par la colère et la politique. Immédiatement, vous pensez que cette dernière est un monstre odieux. Combien de gens sont morts à cause d'elle? Peut-être, "une montagne de sable de vies humaines", de la création jusqu' à ce jour. Ce fameux dépotoire s'est fait le lieu d'exode de vie à trépas de toutes races et de toutes les cultures.

Cette discipline a investi des blancs racistes, des nègres envieux, opprimés par le chagrin, la misère, la richesse, le crime, le tourment dans son purgatoire. Si j'étais le Bon Dieu, je dresserais un tribunal correctionel pour juger et condamner Monsieur Satan, madame la mort et consorts, d'avoir été les auteurs de tant de dégats, des actes redoutés des hommes, et des malheurs de ce cher pays. Haïti n'a besoin que d'un bon administrateur; un compatriote sérieux, habile, sincère, qui ne joue pas.

Il est entendu que les Haïtiens ont déja fêté leur deux centième anniversaire d'indépendance. Ce qui n'est pas mal du tout. Cette date remarquable devrait augmenter leur orgueil d'être les premiers noirs du monde, rebels de nature, à cracher la vérité vive au visage du belligérant blanc. A dire non à l'esclavage, et qu'ils devraient être vus comme étant égaux de tous les hommes. Eux, dont l'opinion internationale considérait comme des chiens, comme la bête de somme, comme la chose, ont un visage, un corps entier comme tous les hommes; dans les veines desquels coulent du sang, composé des mêmes particules chimiques que tous. Ils ont droit de vivre souverainement comme tous les peuples, le droit de travailler en paix, et de jouir en toute quiétude les fruits de leur travail. Pour répéter le Dr Rosalvo Bobo, je cite:"centenaire de notre liberté? Non. Centenaire de l'esclavage du nègre par le nègre. Centenaire de nos égarements, de nos bassesses et, au milieu de vanités incessantes, de notre introcession systématique. Centenaire de nos haines fraternelles, de notre triple impuissance morale, sociale et politique. Centenaire de nos entre assassinats dans nos villes et savanes. Centenaire de nos vices, de nos crimes politiques. Centenaire de tout ce qu'il peut y avoir de plus odieux au sein d'un groupement d'homme. Centenaire de la ruine d'un pays par la misère et la saleté. Centenaire de l'humiliation et de la déchéance peut-être définitive de la race noire, par la fraction Haïtienne, cela s'entend … au lieu de semer les lauriers sur les manes introuvées de nos aieux, après avoir passé un siècle à les oublier, à les souiller, à nous moquer outrageusement de leur héroisme; au lieu du poupre et des flammes, nous tendrons un deuil d'un bout à l'autre du pays, en témoignage de notre remords et, la bouche contre terre, tenant chacun un bout de crèpe pendant au drapeau bicolore, nous demanderons pardon à Dessalines, à Toussaint, à Capois La Mort, à toute la phalange immortelle de notre histoire. Pardon à notre ingratitude, à notre esclavage, malgré eux".

*****

PEUT-ON FRAYER UN CHEMIN?

Evidemment, Haiti a besoin d'un médicament à effet rapide, afin de sortir de ses troubles intestinaux.

Lorsqu'elle avale la vraie pilule pour son mal, elle guérira définitivement. Mais, ce remède ne doit pas jouer le rôle d'un hypocrite. Elle doit adopter des mesures drastiques pour en finir avec ce mal une fois pour toute. Qu'elle appelle bien, le bien, le mal, mal, à leurs propres yeux.

Cinq mots-clef encadrent la raison lorsqu'on veut parler de neutralisation et de décentralisation: économie, téchnique, conscience, éducation, sécurité. Indispensables au réhaussement moral des institutions de base d'une nation, et à la formation des cadres, pour permettre de gravir, échelon après échelon, de maintenir le progrès dans une périphérie stable. Ces facteurs, dès un premier bond, vont créer ce qu'on entend par auto-détermination individuelle; et puis, plus tard, cette auto-détermination sera vue sur un plan généralisé. Pour qu'un pays, dans ses épreuves quotidiennes, s'inspire d'une résolution équitable, il doit pouvoir soumettre sa liberté, sa volonté au contrôle de soi, qui est né au moyen de ses facultés matérielles, spirituelles, manuelles, intellectuelles. Ces pions complètent le poussé à bout qui persiste dans le désir de contribuer aux resources particulières, pour mettre à l'oeuvre, une abondante force majeure, en vue de convertir les moyens du bord, quels qu'ils soient, en biens et profits, pour le succès de ces projets.

Depuis que le monde est monde, il n'y a que deux choses simples qui expriment avec intensité, la dépendance des peuples, et rendent caduque leur évolution: le pain quotidien, et l'ignorance. Résoudre de tels problèmes n'a jamais été difficile. Mais, il manque de collaboration, d'entendement, de compréhension de la part de ceux qui, parmi eux, ont des avantages matériels de la terre, et d'un peu d'humanisme. Il leur faut du courage à dépenser leur énergie pour le bien d'autrui, sans profit, sans espérer une réciprocité. Et, en règle générale, tous vont en profiter. Résoudre ce problème exige aussi, un équilibre agricultural constant, qui donnera naissance à l'irrigation, qui sera le moteur de la production. Pensez-y, si l'on installe un système à côté de chaque fleuve que le pays possède, Artibonites, Mancelle, Trois-rivières, la rivière du fond des blancs, etc. On réussira à arroser les plaines, les vallées, et même les montagnes. On dira enfin adieu à la faim, au chômage, aux "boat-people". Des industries de transformation seront la base de notre économie. C' est -à- dire, les champs de canne -à- sucre donneront du sucre et du sirop; les champs de manioc donneront des cassaves; vos bananes, vos arachides, vos mangos etc. seront transformés par des téchniques modernes. Mis dans des boites de conserve, ils seront exposés au marché national et international. Tout cela est possible, puisque vos terres sont encore vierges, et vos rivières coulent vers la mer; vous serez en mesure de les exploiter. A leur tour, les industries pousseront vers l'avant le commerce, qui va créer d'autres possibilités telles que: voies ferrées, électrification des villes et des faubourgs, voies publiques et leur asphaltage, eau potable, communications, drainage des eaux qui envahissent nos rues, nos maisons dans nos villes. etc.

Pour sauver une nation d'une situation aussi terrifiante, si vous faites partie d'un groupe de secours, d'une organisation quelconque, il n'y a pas seulement l'argent comme unique moyen d'aide au développement.

Quelqu'un de bonne volonté, peut passer par d'autres chemins pour contourner l'attitude envieuse des détourneurs de fonds. Surtout dans des pays où il y a tant d'oiseaux rapaces qui survolent les plaines, les monts et les vallées, où trouver une poule à dévorer. Ils sont toujours là, sur place. Si vraiment vous êtes animé d'un sentiment charitable, à moins que vous soyez aussi coupable que les coupables par des compromis, vous fournirez des matériels, des supports, capables d'aider par exemple, à jeter des ponts sur des rivières, construire des routes, des quais, des aviations, d'installer des tuyaux pouvant aider à fournir et distribuer de l'eau potable dans les villes et les bourgs, des fontaines publiques là où l'eau ne peut pas monter, bâtir des écoles primaires et secondaires rurales, des universités etc. Très IMPORTANT! NE LEUR DONNEZ PAS DE L'ARGENT! Veuillez entreprendre vous-même Monsieur le pourvoyeur, plans en main, la gérance et la supervision de ces projets sans compromis. Il faut divorcer avec l'ancien système. Si réellement le pourvoyeur veut aider, il lui faut tenir fermement la clef de ses dépots de matériaux et de ses fonds. Sachez bien, si vous confiez la gérance à quiconque autre que vous-même, la caisse va être vidée, partagée entre des inconscients apatrides. Et tout restera identique qu'avant. Ce chèque sera partagé avant qu'il ne touche le sol Haïtien. Parce que les voleurs, pour la plupart, sont ceux-là même qui prétendent être les défenseurs du peuple.

Ce peuple ne sera jamais communiste, parce qu'il est très égoiste en ce qui concerne des petites choses qu'il s'est tant donné la peine d'acquérir au prix de son sang et de tant de sueur. Ce petit détail est venu à mon esprit, parce que je sais que des milliers de gens ont péri innocemment à cause de ce minable mot dans le passé; alors qu'ils ne savaient même pas sa signification. Peu importe, pourvu que vous soyez accusé par un individu, qui ne peut même pas prononcer ce mot communiste, "ils dissent cocinis", vous êtes perdu. Vous êtes contre le régime en place sans considération aucune. Cela, n'est pas de la démocratie. C'est plutôt de la dictature féroce, comparée au chien qui mange le chien. Mais, nous devrions être plus aimables, compréhensifs, indulgents, conciliables, sympathiques, sages, parce que tuer ne règle pas la question. L'éducation est la clef, pas le meurtre. Vous serez émus de honte de découvrir que ces malheureuses âmes sont complètement innocentes, dociles, obéissantes, soumises. Ils ont été victimes d'abus de pouvoir par l'acusateur, de jalousie quelconque à cause de leurs biens, de leurs belles maisons, de leurs emplois, de leurs belles femmes, de leurs enfants, de leur compétence, de leur intelligence, de leurs carnets de banque, de leur popularité, de leur galanterie, de leurs héritages, d'une vaine discussion dans le passé, aussi, à cause de leurs races, de leur famille etc. Ce n'est pas du tout juste, c'est un crime odieux.

Il faut aussi penser à la décentralisation, dégager cette congestion qui attire tout le monde à la Capitale; puisque c'est là que se concentrent les moyens de vivre, les usines, les companies etc. On dirait même, peu importe combien de temps dure un mandat présidentiel au pouvoir, l'important pour le peuple, suivant mes analyses socio-politiques, c'est de créer premièrement un climat stable et de sécurité, sur toute l'étendue du territoire national, deuxièmement, la décentralisation de l'industrialisation, c'est-à-dire, créer les mêmes travaux qu'on trouve à la Capitale dans toutes les villes de province, à l'avantage de tous, et troisièmement, tout ce que j'ai déja cité plus haut. Si un chef d'Etat ne rêve pas ainsi, il n'est pas digne d'être placé à la tête de la nation. Un chef d'Etat doit être un rêveur. Si vous ne l'êtes pas, vous êtes un démagogue, quelqu'un qui pratique une "politique aveugle et clandestine", une politique morte qui va à la dérive. C'est -à -dire, comme la chose se présente, nous l'acceptons; nous n'en avons pas le choix.

A partir de là, il n'y a aucun signe de décision, de prévision, aucun signe de détermination, de fermeté, d'optimisme.

Le pays, a-t-il progressé au point de vue économique, sociale et politique, après le départ de Jean-Claude Duvalier? Quant à moi, je dirais que non. Les choses sont devenues pires. Comparons en bref, l'époque des dictateurs, aux trente années qui suivent, dites démocratiques! Avant cette époque-là, il n'y avait pas de "kidnapping", de "zinglindo", et tant de Voleurs en Haïti. Les gens circulaient à n'importe quelle heure durant le jour et durant la nuit. Il y avait de la sécurité, personne ne vous nuit. Sur le marché, il y avait des produits divers en abondance; du maïs, du pois, du riz de l'Artibonites, des ignames de toutes les qualités, des légumes, de la farine, du sucre, de la banane, des cabrits, des cochons créoles, des boeufs, des poulets, des dindes, des pintades, des fruits, etc. Les Haïtiens n'avaient pas besoin d'aller les acheter sur la frontière Haïtiano-Dominicaine; d'autre en plus, les Dominicains s'approvisionnaient ici chez-nous. Ils respectaient les gens que Papa Doc embauchait pour aller couper de la canne-à-sucre chez-eux. Toutes nos plaines et nos montagnes étaient couvertes de verdure. Nos paysans travaillaient la terre. Parce que le président Duvalier-père avait l'habitude d'encadrer les paysans, et les encourageait en ce sens. La présence de nos agronomes et de nos agents agricoles les incitait à travailler sans cesse leurs terres. Et Haïti rentrait de très fortes sommes d'argent dans le commerce; si vous voulez, écoutez les discours de papa Doc et ceux de son fils comme dans un rapport annuel au peuple. C'est vrai. On n'a pas besoin d'être un "tonton Makout" pour dire ceci. Maintenant, avec la succession des militaires au pouvoir, et des civiles qui se vantent d'être des démocrates, il n'y a que du chao et la faim. De 1990 à nos jours, les paysans refusent de travailler leurs terres. La paresse s'empare d'eux. Bon nombre d'entre eux, encouragés par des citadins criminels, réputés d'être des cambrioleurs, préfèrent piller, tuer les gens dans les coins des rues.

Pas trop longtemps, j'entends quelqu'un dire, "que le pays a besoin de quelqu'un aux bras de fer pour le faire fonctionner, afin de rétablir la paix et la sécurité nationale. Quand on jette les regards à l'horizon, on ne voit que des lâches et des voleurs sans scrupules, des assassins. L'anarchisme a perduré." Alors l'élite qui est un petit groupe à l'ombre, derrière le dos de chaque président, de tous les sénateurs et députés, du chef de la Police et du Département de la Justice, afin de leur dicter ce qu'ils doivent faire dans des circonstances données, forme déja, un régime dictatorial dans le pays, sans que le peuple n'en sache rien. Les vrais ennemis du peuple sont les bourgeois et la communauté internationale. Sous leurs menaces, le Chef de l'Etat et ses suites, sont forcés d'accepter que ces minables gens font le marché noir, qui est propre à la déchéance totale du peuple. Donc, la nation a besoin urgemment de cet homme au bras de fer, afin de les réduire au silence et à l'inaction.

Moi, j'étais un admirateur du prêtre Aristide au cours des années 1984 – 1991. J'aimais beaucoup son message. Il sut profiter de la prédication pour attirer les gens à lui; je lui faisais beaucoup de confiance; et tout le monde le considérait comme étant le sauveur d'Haïti. C'est pourquoi il avait 67% de voix au jour des élections. Mais, après sa glorieuse victoire, au lieu d'être prudent, parce que, ce que vous ne savez pas, et ce que vous ne voyez pas, est toujours plus grand que ce que vous pouvez toucher. En fait, le petit prêtre n'a pas pu mesurer son langage, contrôler son comportement. Il s'était trompé. Avoir le peuple derrière vous comme appui, ne signifie pas en politique, que vous pouvez tout faire, et que toute parole est bonne à dire.

Si vous avez un plan, gardez-le dans votre Coeur! Sinon, vous vous metterez en prise aux lions, même lorsque vous ne les voyez pas. La vraie politique n'est pas quelque chose de spontané, c'est plutôt discret avant d'être spontané. Vous ne devriez pas prendre des décisions frivolement, comme celles d'un directeur d'usine. Premièrement, vous ne divulguez pas votre intention, vous la présentez au moment propice. Vous devriez agir simplement par surprise. C'était un geste qu'il avait fait; il avait dissout l'armée; ensuite, les paroles qu'il avait prononcées au cours des cérémonies de son investiture a l'endroit de ses sympatisants; voilà deux des causes qui l'avaient renversé. Au même moment, mon Coeur a palpité, et j'ai compris que cela allait arriver. Ce que j'en déduis, il n'était pas entouré des gens vraiment capables de le conseiller.

Si le Président Aristide est conscient qu'il avait déçu, et désappointé le peuple au cours de ses deux mandats, s'il est d'accord qu'il avait commis des erreurs, et qu'il n'avait rien fait pour les aider; s'il en est conscient, qu'il aille le leur confesser, et qu'il promette de réparer les torts, résoudre leurs problèmes. Il n'a pas besoin d'envoyer quelqu'un d'autre à sa place. Si la constitution le permet, qu'il se présente une fois de plus lui-même comme candidat. Il réussira peut-être, s'il se confesse, renonce à la violence, et expose son nouveau programme. Juste après, il verra ses attitudes (peuple), et recommencera à le cotoyer, lui faire la cour, si c'est possible... C'est comme à une femme, votre femme qui se fâche contre vous, à cause d'une chose quelconque. Si vous vous humiliez en face d'elle, même si elle est toujours fâchée, elle vous ouvrira une autre fois ses bras. Cette fois-ci, l'amour sera plus joli, plus douce, à condition de ne pas recommencer à la déplaire. "La charité bien ordonnée commence par soi-même". Autrement dit, tout est foutu avec les politiciens de cette génération.

Quelle Autre Alternative Reste-t-il Sur Le Tableau Des Prévisions Pour Haïti?

Le Président Jean-Claude Duvalier était un homme de plaisir. Il ne se souciait pas de poursuivre l'agenda de son père. C'est pourquoi, il confiait le pouvoir, son pouvoir, à des familles, et à des hommes bien connus, dits Duvalieristes. Ces gens commençaient une campagne de dénigrement, ou, de dégradation, par leur comportement, qui se terminait en une révolution, une confusion. Et le reste, vous le savez. Il avait des avantages propres à faire prospérer le pays. Il s'en moquait avec son équipe de pilleurs et d'insouciants. C'est ce qui a conduit à sa chute en 1986.

Tandis que le Président François Duvalier, son père, n'avait pas la chance d'être aidé financièrement par des gouvernements étrangers. Ils avaient tous boudé sa magistrature. Il se démêlait comme il pouvait. Un proverbe Haïtien a dit:"la graisse du cochon a permis de faire cuire le cochon." Moi, j'étais un enfant en ce temps-là; mon père qui était un gendarme dans l'armée, avait l'habitude d'attendre trois à quatre mois, avant de recevoir un chèque sur trois de son salaire. Ce n'était pas facile, nous étions cinq enfants à nourrire etc. Mais la vie à cette époque-là, était mieux que celle d'aujourd'hui, comparablement. Pendant les mois que notre famille attendait le petit chèque, il nous a appris à travailler des terres, en des plantations de giromon, melon, patate, manioc, pois de souche, de maïs, de tarot, etc. C'est ce qui nous permettait de survivre, et d'être en règle avec l'économat de nos collèges. Il est aussi vrai que, assigné au service à domicile chez des colonels départementaux tels que: Breton, Namphy, Abel Gérôme, Délande Duperval, Jean Beliote, etc., quand nous arrivions sur les lieux où notre papa travaillait, nous avions eu quelque fois la chance d'eux, de payer nos factures. Nous leur en remercions.

Le Dr Duvalier avait un itinéraire, une doctrine, le noirisme et le Duvalierisme, à faire respecter. C'est pourquoi, il était très sévère; pour lui, tout doit être vertical, impeccable, transparent. Si quelqu'un vient à enfreindre cette logique, peu importe que vous soyez ministre, secrétaire d'Etat, parlementaires, vous savez déja ce qu'il vous réserve. C'est pourquoi, au cours de sa présidence, tout le monde se conformait: gens des rues, fonctionaires, qui que vous soyez. Un autre proverbe Haïtien dit:"il vous faut marcher sur 13, tout en évitant de toucher le numero 14."

Au cours de son gouvernement, tous les fonctionaires de l'Etat respectaient ses principes, c'est-a-dire ses lois, et les biens de l'Etat. Quand il frappait ses pieds, tout le monde tremblait. Et si vous le trahissez, il vous fait exécuter. En somme, pas de possibilités pour les ministres, les directeurs généraux, les parlementaires de faire des combinaisons avec l'argent de l'Etat.

En effet, de 1986 à nos jours, toutes les institutions du pays sont plongées dans de la corruption. Comparablement, l'Haïti de ce temps-là, était riche par rapport à l'Haïti d'aujourd'hui. Presque tous les fonctionaires de l'Etat de 1986 à nos jours, entrent en service avec les poches vides, et après trois mois, ils en sortent des multimillionaires. La question se pose, pourquoi les forces étrangères n'aident-elles pas à Haïti à récuperer tous ces fonds, déposés un peu partout, sous leurs yeux. Elles sont au courant de toutes ces malversations, et elles savent où ils sont cachés. C'est un mystère dans le mystère. Une question engendre une autre question. Sont-elles aussi complices de toutes ces mauvaises transactions?

Voyons bien, le pays ne répond pas aux exigences que réclament les régimes démocratiques du monde actuel. Comprenez bien qu'il n'y en a aucune base sociale valable; pas d'électricité, pas d'eau potable, pas de routes, aucun plan économique…Quant à moi, le problème d'Haïti est d'ordre institutionel, judiciaire, agricultural, et d'éthique. La solution n'est autre que de placer un homme aux bras de fer au pouvoir. Alors, tous les corrupteurs se taiseront à jamais.

Une autre option, elle a la faculté de résoudre à l'amiable tous nos problèmes en une minute au cours d'une période de temps. Si, les ex-présidents, qui sont encore vivants, s'accordent pour former un bloc solide, en s'alliant ensemble, en mettant leurs intérêts personnels de côté, en embrassant leur bonne volonté, afin de sauver Haïti; former un gouvernement de consensus entre eux, où les ministères seront diversifiés,, c'est-à-dire, tous les partis y sont représentés, ce serait l'évènement le plus inattendu et historique d'Haïti. Une réussite extraordinaire qui se considérera comme étant la plus grande giffle au visage de nos ennemis; une réconciliation parfaite des partis politiques. Chaqu'un d'eux gouvernera à la tête du groupe comme un groupe, pendant une période de trois ans, à tour de rôle. Ils auront un seul programme à appliquer: électricité, sécurité, tourisme, agriculture, reboisement, santé publique, eau potable, éducation, alphabétisation, infrastructure, commerce. Ils auront deux ou trios choses à exécuter chaqu'un au cours de trois ans en groupe. S'ils sont cinq, chacun se préoccupera des deux ou trois programmes qui lui reviennent. Il sera aidé par les autres; et pendant quinze ans, tout sera fait.

En outre, si les partis politiques pouraient être réduits en deux ou trois grands groupes, cela diminuerait les risques qui multiplient des divisions.

*****

Vous dites que les grandes puissances veulent s'accaparer de quelque chose de précieux dans votre sous-sol. Quelque soit cette chose, vous devriez la découvrir en premier afin de le saisir avec les deux mains. Vous prétendez avoir un prestige national à sauvegarder. Comment s'appelle-t-il ce prestige? Vous ne voulez pas affermer Môle-Saint-Nicolas, où l'île de la Tortue. Il y a des conditions à imposer si toute fois vous voulez accepter cette proposition. Depuis que l'Haïtien est né, il mène une vie prècaire, ses poumons ne fonctionnent pas bien à cause des volumes de poussière qu'il avale par jour. Cette portion de terre, et cette île ne lui servent d'aucun avantage, d'aucun intérêt particulier. Il vit dans des conditions difficiles, à cause de ce présumé prestige. Non seulement que vous ne cessez de débarquer sur les côtes de la Floride pour chercher du pain, quand le pays se dégénère, et que le peuple n'en peut plus, il s'y réfugie. Et vous, étant des hommes d'Etat, vous y débarquez la tête basse, un "cui" en main pour mandier au miséricordieux blanc; en plus, remplir vos poches et vos valises avec cet argent, sans vergogne, en abandonnant le pays à son sort. Ce qui signifie que les problèmes sont irrésolus, et le mal irrémédiable avec des hommes comme vous. Animez-vous tout au moins, d'un sentiment qui vous excitera à laisser derrière vous des faits concrets, accomplis comme des témoignages que vous aviez réalisé deux ou trois grands projets dans les dix départements géographiques du pays. Et même après votre mort, un jour, on dira que vous étiez un président-modèle, un citoyen qui laissait un bon exemple pour la patrie. En sillonant ce même sentier, vos successeurs se préoccuperont des projets différents, jusqu'à ce que s'accomplisse tout ce que nécessitait le pays pour son plein développement.

Au cours du passage au pouvoir d'un gouvernement bien connu, période allant de 1971 à 1986, les écluses des cieux étaient largement ouvertes, à maintes reprises. De concert, des pays industrialisés versaient de très fortes sommes d'argent, des millions de dollars dans la caisse de l'Etat. Malheureusement, en qualité de peuple soumis au devant de toutes sortes de camouflages criminels bien dorés par des discours parfumés de cajolerie de la mafia vêtue en uniforme d'hommes respectables, le peuple n'a même eu vent de ces millions qui, bien sûr, après partage des larrons en foire, ont été déposés dans des banques étrangères. Et voilà, que rien d'un changement plus ou moins acceptable n'était envisagé; et le pauvre peuple sur lequel ils misent le pion, sur la roulette suppureuse, meurt de faim, et vit dans de la crasse, et dans la misère noire jusqu'à ce jour.

Naturellement, le peuple doit être sur ses gardes. Un sénateur, et un député ne sont pas n'importe qui, on doit les choisir avec précaution. Avant d'être acceptés comme candidats par le commité des élections, il est nécessaire de mener une enquête sérieuse sur leur vie morale, leur économie, et sur la vie socio-politique de ces individus.

Un homme de bien se comporte toujours en homme de bien dans quelque soit les circonstances; parce que c'est sa nature, rien ne peut le changer. Il en est de même d'un criminel; il est un tueur, il menace et tue. C'est de même sa nature, et dans quelque soit l'endroit

où il se trouve, il tend à manifester l'état de son Coeur.

En politique, un chef ne discute pas. Il commande, il ordonne. Et ceux qui l'entourent obéissent ou présentent leurs doléances. En démocratie, un chef suggère. Dans le cas d'une circonstance extrême, il a droit à sa légitime défense; quiconque menace sa sécurité, doit être appréhendé et jugé, quelque soit l'individu. Un chef qui est légitime, ne rétorque pas à un subalterne, upso-facto, il perd ses droits, il est exposé au même niveau que l'autre. En se retenant, il adopte la position d'un dominateur. Parce que la force est la force qui prime au-dessus de l'insolence, un point c'est tout. Et l'on saura que le pays a un chef à sa tête. Cela ne signifie pas qu'il est un dictateur, pas plus qu'il a peur. Non! Il est celui qui est appelé à faire soumettre les bandits sous l'égide de l'ordre et de la discipline dans sa société.

Lorsqu'on est un chef d'Etat, il faut mettre au second plan les amitiés d'autrefois; il faut changer de caractère, il y a un job à faire, sa position est toujours vulnérable en face de quiconque le sourit, lui parle, le salut, mange avec lui sur une même table, danse avec lui. Tout interlocuteur doit être considéré comme un opposant même s'il ne l'est pas. Il faut être en état d'alerte en tout temps; il ne lui faut non plus dormir en parlant, car tous ses gestes, ses déclarations sont notés. Le voici subitement en face de sa faillite sans le savoir. Qu'il se mette en tête que l'ennemi est toujours là en face de lui. Il ne va jamais l'attaquer en se fâchant, Non! En souriant. Qu'il soit prudent, et rusé comme le serpent. Qu'il ne plaisante pas, qu'il ne rit pas, qu'il ne mange pas, qu'il ne sommeille pas profondément, qu'il ne boit pas dans ce job. C'est une fonction qui attire et qui crée des ennemis. Celui qui occupe ce poste doit se mettre en tête qu'il est toujours exposé à un danger imminent.

Que pensez-vous d'un chef d'état qui se lève chaque jour, il croise ses bras et ses pieds; il se plaint avec le peuple de la situation précaire du pays, sans rien intenter afin de défaire les noeuds qui retiennent les roues du véhicule national de tourner. Si un président est progressiste, s'il ne s'asseoit pas dans un fauteuil de l'inertie, s'il cherche du pain pour les siens, et des moyens de faire grandir l'économie de la nation, c'est justement l'homme que le peuple a besoin. La nation entière doit lui donner du crédit, l'encourager dans ses projets. S'il ne se soucie pas de s'enrichir, s'il se passione à aider la majorité des malheureux à avoir un mieux être, c'est l'homme qu'il faut. On doit lui faire confiance, consolider sa position. Car, dans l'état où ce pays se trouve, on doit éviter les vieilles rancunes et la polémique. Tous ceux qui sont contre ce type de coordination et attitude, sont des apatrides; ils vendent le pays pour un plat de lentille, ils complotent de l'empêcher d'aller vers l'avant, et bloquer toutes les opportunités d'un future meilleure. Peu importe la vie des autres!

Néanmoins, il faut que la volonté du peuple, celle de la majorité prime. En démocratie, la volonté du plus grand nombre, a toujours raison sur celle d'une minorité qui ne veut pas défendre les intérêts de la masse populaire. Comme en Haïti tout marche à reculons, à l'envers, cette formule ne marchera pas. Si, celle-ci (minorité), composée d'intellectuels, dresse des barricades sur la route du développement de la classe ouvrière, elle sera mise de côté, c'est-à-dire, hors de fonction, par le choix des citoyens aux urnes; car, s'ils sont vigilants (citoyens), ils observent et savent ce qu'ils doivent faire pour trouver une solution juste. Depuis toujours, c'est le même problème qui se répète. Ceux qui se dissent intellectuels, représentent un danger, un mur gluant qui empêche au pays de sortir du sous-développement. La chambre des députés et le sénat sont des champs de bataille où les compromis et la trahison empoisonnent la nourriture du peuple, essayant de barrer la route à tout changement. On ne doit surtout pas pointer du doigt seulement sur l'élite dans ces sortes d'activités; maintes fois, ce sont les fils des paysans qui, une fois élus aux postes où ils sont, trahissent la base structurelle des intérêts nationaux. Par leurs actions, ils sont malhonnêtes; ils placent, par leur comportement, des explosives à la porte d'entrée des privilèges que Haïti pourait jouir dans le monde international.

Que pensez-vous d'un gouvernement qui ne contrôle pas la rentrée, la sortie et le comportement des étrangers dans le pays. La question de vie et santé est une obligation qui est respectée seulement par les services de l'immigration des consulats des autres pays, non par ceux d'Haïti. N'importe qui peut y venir répandre une épidémie de choléra comme il veut, tuer des citoyens et voler leurs bétails. Que pensez-vous d'un gouvernement qui reste immobile lorsque les étrangers qui y viennent commettent des délits, des crimes contre le peuple sur la terre Haïtienne!!! Ils restent impunis, aucune instance judiciaire ne les poursuit pas. Ils font ce qu'ils veulent, ils vont partout sur le territoire emporter les richesses nationales sous les yeux de ceux qui sont en charge, et ils ne disent absolument rien. Dites donc, serait-ce le reflet d'une lueur de lâcheté de leur part? la patrie est vendue, elle est en danger. Serait-ce une savane où tous les animaux sauvages courent, hennissent, tirent leurs pattes en arrière comme bon leur semble. Pensez-vous qu'un Haïtien poura jouir de cette impunité chez-eux? Et lorsqu'ils arrivent dans leurs pays, ils racontent ouvertement avec fierté ce qu'ils viennent d'accomplir. Et en peu de jours, ils y retournent sans hésiter, achever leurs plans. Serait-ce un signe qui démontre que la corruption continue de s'installer à cause des millions de dollars qu'ils frottent sur le nez de ceux qui ont du pouvoir; ils leur ont donné aveuglément ce droit.

Vous, députés et sénateurs, ne vous compromettez pas. Ayez une considération spéciale au future du pays. Il doit sortir de cet enfer, de cette misère noire. Il y a des forces ténébreuses qui ne veulent pas qu'il soit délivré de sa situation. Elles sont là au milieu de vous. Elles s'appellent, être envieux, jalousie, argent, vol, pillage, pouvoir, plaisir, traitrise, malversation, hypocrisie, imprudence, haine, manque de vision, sans pitié, "sans honte", peut importe, je m'en foue. Il y en a plusieurs qui essaient d'ouvrir la porte de la délivrance, tandis que d'autres disent, elle doit être fermée.

*****

HAÏTI ET LA NOUVELLE GÉNÉRATION.

Tout le monde sait que ce petit pays était frappé récemment d'un coup dur et terrible, le tremblement de terre du douze Janvier 2010. Ce n'est pas un événement qui arrive souvent. Vous pouvez compter sur les doigts les occasions au cours desquelles la capitale et les villes de province étaient victimes d'une telle expérience dans le passé. Cette fois-ci, c'est une catastrophe de grande envergure. Malheureusement, les chiffres ne sont pas précis. Des médias affirment qu'il y eut deux cent cinquante mille morts, d'autres plus de cinq cent mille morts, quatre cent mille de disparus, et plus d'un million de blessés et de sans abrits. C'est terrible cette information. Elle a tendance de faire trembler comme une branche d'arbre même l'homme le plus fort. Etait-ce la volonté de Dieu que tous ces gens meurent, et que des millions d'autres souffrent? S'il en est ainsi, que Dieu soit loué!

En effet, puisque la leçon a été apprise, des gens dignes et capables de contrôler la question d'immobilier et les travaux publics devront être installés non seulement à la capitale, mais aussi dans chaque ville de province afin d'éviter la répétition d'une telle perte en vies humaines. Ce ne serait pas une porte ouverte aux "sans scrupules" de remplir leurs poches de l'argent qu'ils arrachent des mains des gens qu'ils extorquent lorsqu'ils ont besoin d'un permis de construction, d'une inspection sur les lieux, mais un outil capable de restructurer le pays, le préparant pour des circonstances du même genre.

Que pensez-vous? Les nombres ne sont pas précis, mais suivant des agences de nouvelles, des sommes monstrueuses étaient contribuées par des gens de bonne volonté, et par des nations, afin de reconstruire le pays après le tremblement de terre. Il n'y a pas de détail, comment cet argent a été utilisé par les ONG qui en sont responsables. Il y a aussi un baillon dans la bouche du gouvernement, au sujet de ce qui se passe avec ces projets, et ces détails. Elles ont gobé (organisations) cet argent comme des grand-gosiers qui avalent des poisons. C'est une honte pour ces grands hommes qui ont la réputation d'être importants et crédibles sur le plan national et international. Voler le pain des pauvres est terrible.

Bien des gens qui rentrent en Haïti ne font rien pour le salaire qu'ils reçoivent; d'autres vont dans des bars, à la plage, boire de l'alcool, achètent des voitures qui coûtent une fortune. Le peuple se tait, mais il observe en silence. Ces étrangers qui sont à la tête de ces organisations, ne vont pas y embaucher des Haïtiens afin qu'ils ne soient pas imbus de leurs projets et de leur fortune. Ils préfèrent appeler leurs amis qui viennent des pays d'outre-mer, occuper ces positions. On se demande si plus de quarante mille étrangers, professionels ou pas, qui dès lors, s'installent dans le pays, ne reçoivent-ils pas leurs chèques de cet argent? On dirait avec ce chanteur Haïtien, j'oublie son nom, que "la misère d'Haïti a été programmée".

Rien n'a changé. En bon terme, c'est une moquerie. Le progrès marche à petits pas, dissent-elles (organisations) comme une propagande; mais, s'il y en a, il devrait être visible, palpable. Ce ne devrait pas être basé sur des hypothèses. Ou du moins, tout n'est que du "bluff" de la communauté internationale.

Posez-vous la question, a-t-on vraiment ainsi de la sympathie que témoigne le comportement du bon samaritain à la victime qu'il avait rencontré sur sa route? Tout démontre qu'il y a aux environs, un manque de générosité, et d'humanisme; et ces gens qu'on croyait être fiables, l'auraient abandonnée de bonne foi, et dans l'embarras du choix.

*****

Chers amis, il est dit que Haïti est un pays essentiellement agricole; c'est-à-dire que ses plaines et vallées, ses montagnes devraient contribuer à la verdure de la nature, tant qu'il y ait des arbres fruitiers, des jardins de patates, de manioc, de melon, de légumes, de canne-à- sucre, de bananes, de figue-bananes, de cotton, de café, de cacao, d'ignames, de cocotiers, de manguiers, d'amandiers, de "cirouéliers", de corossoliers etc. Où sont nos agronomes? Il faut dire que la lumière est rouge quand elle est rouge, bleue quand elle est bleue. Un agronome n'est pas fait d'exercer sa profession dans une chambre climatisées à la capitale. Non! Il devrait accompagner les paysans dans les mornes afin de les enseigner comment cultiver leurs terres gratuitement et sans contrainte. A les voir, ils ont l'air d'oublier le but de leur profession. C'est un point essentiel, il faut encadrer les paysans, promoter l'agriculture à une grande échelle sur toute l'étendue du territoire; ce, pour le progrès de tous.

Comment peut-on espérer que le pays change si vous répétez ce mot avec vos bouches et ne le pratiquez pas ! Il est obligatoire d'être à l'oeuvre incessamment. Il n'y aura aucun espoir tant que le plus simple citoyen n'en prenne conscience. Haïti changera lorsque le premier signe se manifestera.

Premièrement, quand vous verrez que l'Haïtien ne jette pas par terre dans les rues la pulpe de figue-banane, de mangot, de l'avocat etc qu'il vient de savourer; c'est un signe qui annonce qu' il commence à respecter son environnement.

Deuxièmement, lorsque les paysans retournent chez-eux (à la campagne) et y restent afin de recommencer à cultiver les terres. Ils seront encadrés par des agronomes qui se consacreront à réhausser l'économie nationale en encourageant au peuple d'investir leur temps dans l'agriculture dans les dix départments du pays. C'est encore là un bon signe. Un bon signe par l'Etat de créer un moyen d'encourager les campagnards, les propriétaires de terre, de planter des arbres fruitiers dans nos mornes et nos plaines. Qu'il leur distribue les plantules.

Troisièmement, Lorsque vous voyez que la diaspora commence à avoir de la confidence dans la direction politique du pays, c'est-à-dire, que la sécurité prône partout, et qu'on en finisse avec le "zinglindoisme"; une fluctuation imposante de touristes y arrivera par millier, on saura que tout a changé. Qu'est-ce qui empêche aux gens de visiter Haïti, c'est la question de l'insécurité. Si vous êtes intelligents, après le 12 janvier, cet événement aurait pu attirer des billions de dollars dans le tourisme uniquement. Parce que tout le monde voudrait voir ce qui s'est passé. Hélas!

Quatrièmement, lorsque les Port-au-Princiens cessent de mépriser les gens qui viennent de la province; quand ils changent leur mentalité de les appeler: "nègre morne", paysan, campagnard. Tandis que sans eux, vous n'aurez pas de produits alimentaires sur le marché. Vous mourez de faim. Il faut les respecter, les honorer. Tant que les gens de la capitale ne sachent qu'ils ne sont pas supérieurs à ceux de la province, rien n'a encore changé. C'est l'un des points qui les attirent à aller se coincer à la capitale. Ils veulent être aussi importants qu'eux.

Cinquièmement, quand on voit que les mêmes services qu'on trouve à Port-Au-Prince sont aussi offerts dans toutes les villes de province, on saura qu'il va souffler un air nouveau. Exemple, on n'a pas besoin d'aller jusqu'à la capitale pour faire un passeport...Il y a trois villes qu'on néglige toujours sur la carte, Port-de-Paix, Hinche, Jérémie. Elles ont besoin chacune, d'un aéroport, d'un tronçon de route asphaltée, des ponts sur les rivières, d'applanir les montagnes où les routes sont trop escarpées, (morne Tapion – morne Cabrite – morne Pilboro), dun bon quai, de l'électricité en se servant des ressources les plus disponibles; des barrages électriques à construire à l'aide des rivières qui se jettent à la mer, des pannaux solaires etc. Aussi, les usines qui s'installent dans les parages de la capitale, s'étendront dans les dix départements du pays.

Sixièmement, qu'on crée une loi qui empêche au chef de l'Etat, s'il veut, de quitter le pays qu'une année après la fin de son mandat. Que le département de la justice forme une commission d'enquête, propre à examiner les comptes de la trésorerie de l'Etat, et de la situation économique des gens qui ont fait part de l'appareil de l'Etat; et cela, au début et à la fin de leur mandat.

Septièmement, quand les Haitiens que vous rencontrez à l'étranger, en Europe, aux Etats-Unis, au Canada etc. changent de mentalité; puisque, quand vous les rencontrez et que vous leur demandez, d'où venez-vous en Haïti? Quatre-vingt quinze pour -cent d'entre eux vous répondra, je viens de Port-au-Prince. Ils ont peur, ou ils ont honte de dire que je viens de la province. C'est une sorte de complexité, de concept d'infériorité; ils pensent que s'ils disent qu'ils viennent de Jérémie, de Saint Louis du Nord, de Tiburon, de Ouanaminte, de Marchand Dessalines, qu'ils se rabessent jusqu'à terre. C'est franchement triste. La vraie cause est la question de concentration, de centralisation à Port- au-Prince.

Huitièmement, à entendre les gens parler, ils ne voient personne de crédible à élire au timon des affaires de la nation. Tout espoir est perdu pour eux. Ils nagent "à la dérive". Si leurs yeux se désillent, et discernent sagement, ils pouront donner une chance aux chefs des partis politiques; puisque aucun d'eux n'a encore démontré leur bonne volonté en occupant ce poste. Aussi, d'un commun accord, avec précaution, ils pouront se fier à la nouvelle génération de la diaspora. Elle a été éduquée à l'étranger; elle a constaté comment fonctionnent les administrations. Ceux que nous avions vu au pouvoir depuis plus de deux cent ans n'ont rien prodruit. Ils étaient pourtant sur le terrain avec vous, et ils ne portaient jamais de fruits. Ils étaient tous stériles. C'est simplement une suggestion. Pensez-y, un citoyen qui veut poser sa candidature doit avoir un plan. Si vous n'en avez pas, s'il vous plait, ne vous presentez pas devant le peuple. Tout ce que vous dites est semblable à de la devinette, à de la tromperie.

Et pour être candidat à la présidence, il ne suffit pas d'être né en Haïti, d'avoir vécu dans le pays pendant cinq ans, d'être âgé d'au moins de trente-cinq ans; il ne suffit pas non plus de connaitre le peuple et sa culture, d'être populaire par l'effet d' une propagande quelconque. Il faut y ajouter obligatoirement, une vie exemplaire en face de la société, une vie morale en famille. Ce ne devrait pas être un criminel qui a l'habitude de commettre des délits, qui a un mauvais dossier dans un tribunal quelconque, un buveur de liqueur qui ne peut distinguer sa main droite de sa main gauche lorsqu'il est en face d'un baril de rhum. Ce serait abandonner le future d'un peuple dans une citerne crevassée. Il y a une question de prestige en jeu. Si le président d'un pays est un minable, un "je m'en foue", où est la fierté de la nation? Où sont-ils? Ceux qui ont de la morale, une vie familiale exemplaire; des hommes de caractère, droits, irréprochables qui peuvent lever la tête haute dans quelque soit les circonstances, qui n'ont pas peur d'affronter un vrai défi. La formation intellectuelle, franchement, ne suffit pas; il faut y ajouter quelque chose d'autre. Il est rare d'en trouver un, parce que tout est corrompu. A cause de l'argent, on pert sa conscience, on tente sa chance, peu importe la patrie.

Neuvièmement, lorsque les responsables de la question des taxes comprennent qu'ils sont en train de faire reculer toutes possibilitiés de développer Haïti, en taxant à cinquante pour -cent, et des fois à cent pour-cent sur le prix d'achat d'un matériel qu'une compagnie quelconque, ou un citoyen Haïtien qui veut contruire une usine, ouvrir les portes d'un centre d'affaires où, il va employer une dizaine, une cinquantaine, un millier de gens sur le sol Haïtien, agir ainsi avec eux signifie, allez-vous en, nous n'avons pas besoin de vous. Vous n'êtes pas assez intelligents de voir comment opèrent vos voisins autour de vous. Ils encouragent à tous les investisseurs de venir chez eux, en éliminant les taxes sur leurs équipements dans les douanes; ce qui leur est exigé, est de présenter un projet au sujet de l'entreprise en question qui va s'établir dans l'un des dix departments du pays. Ce plan sera analysé, vérifié, et ratifié par le service concerné, avant la livraison de ces matériels. Et lorsque cette usine commence à produire, les responsables profiteront du temps de taxer la production. Ce ne sera pas une porte ouverte d'exploiter cette compagnie, et celle d'inventer un marché noir. Non. Dans ce cas, vous allez la décourager, la chasser. Au contraire, en la protégeant, vous ne faites que multiplier vos profits; et les immeubles qu'elle a construits, et leur contenu, se considèrent être des biens du pays. En même temps, vous êtes en passe de créer du travail pour les ouvriers. Mais si elle a acheté un camion par exemple pour trente mille dollars à l'étranger, en arrivant à la douane de Port-au-prince, vous leur demandez aussi trente mille dollars comme taxes, pensez-vous que d'autres investisseurs vont s'intéresser à venir dans un pays pareil? Non! Dans ce cas, vous faites du marché noir. Vous faites une chose qui n'a pas de sens. Vous détruisez le tout; toutes possibiliiés rentables à courts et à longs termes sont avortées. Vous vous faites la même illusion de Perette de la fable qui disait,"adieu veaux, vaches, cochons couvées etc." Elle a tout perdu.

En dernier lieu, si quelqu'un vous a présentés un faux plan, le matériel sera localisé et saisi dans un délai allant de six à dix mois de la livraison. Il n'est pas avantageux du tout de fermer les ports des villes de province, dans le but d'extorquer de l'argent des gens qui entrent dans le pays avec une voiture, une marchandise quelconque. Cette attitude dira à la diaspora, restez là où vous êtes! Elle s'en ira ailleurs, où elle sera accueillie, appréciée, encouragée. En plus, toutes les affaires commerciales doivent être contrôlées par vous. Quelqu'un venant d'une terre étrangère ne doit pas établir son centre d'affaires dans le pays sans qu'il ne négocie avec vous d'abord. Ce serait ainsi un parc communal ou quoi! Il parait que vous ne prêtez pas attention à la rentrées et à la sortie des gens dans le pays!

Dixièmement, lorsque les gens cessent d'uriner dans les lieux publics, de déféquer n'importe où; c'est aussi un grand pas vers l'avant. Des latrines publiques doivent être construites dans des points différents, et qu'il y ait quelqu'un à apprendre aux gens à s'en servir sans les déterriorer, les rendre répugnantes, infréquentables, parce qu'ils en ont besoin; et qu'il y ait un service prêt à les entretenir régulièrement.

Onzièmement, lorsque l'Haïtien consent d'apprécier et d'accepter que son prochain, son voisin, ses collaborateurs progressent dans leurs activités; de ne pas essayer de s'opposer aux processus de développement qui leur est offert; à l'amélioration graduelle des individus, d'éviter de détruire les élans du progrès par la force des armes et par la magie noire. Il y a un temps réservé où le progrès pour chaque individu qui l'intente, est inévitable. Il faut qu'il y ait d'abord quelqu'un à faire un pas vers l'avant, permettant ainsi aux autres de gravir les échelons de cette possibilité. En acceptant et en assurant la réussite de votre voisin, vous contribuez à votre future changement. Il est temps que deux enterprises, deux boutiques fonctionnent, évoluent ensemble côte-à-côte sans dommage, sans discussion; non en mesurant les forces du mal entre elles, dans une sorte de démonstration mystique et de crime; mais dans la paix, et le respect. C'est encore un signe de changement.

Douzièmement, consentir que la diaspora qui possède une majorité de cadres, des gens bien formés, vienne prêter main forte à la reconstruction d'Haïti. Il faut qu'il y ait des lois permettant que cela soit powsible à tous les niveaux des institutions nationales; ce sont des Haïtiens comme vous, pourquoi leur barrer la route de pouvoir servir leur pays comme il convient? L'égoisme en tout est un défaut qui fait appel à la médiocrité, et à l'inertie de tout un monde contre le progrès.

Treizièmement, On n'est pas fier du tout de constater que tout le pays est habillé d'un manteau d'imondices partout à Port-au-prince et dans les villes de province. On pense que cette pollution représente un plan politique qui a pour but d'impressionner la communauté internationale d'avoir de la sympathie pour la misère d'Haïti; c'est ainsi l'un des grands moyens que les magistrats et les chefs d'Etat se servent pour collecter de l'argent d'elle. Quant à la diaspora, c'est une honte ce vieux truc, parce qu'ils le font assez longtemps. Que les authorités Haïtiennes aient au moins de la gêne en face des étrangers, et qu'ils changent immédiatement cette tactique dégradante.

Quatorzièmement, il faut qu'il y ait une conscience nationale. Toutes les institutions et tous les groupes politiques doivent avoir tous les cinq ans, une réunion, une conférence nationale, dans le but de s'entendre entre eux tous, de planifier pour les prochaines trente années à venir. Eliminer la question de recueillir de l'argent de la communauté internationale pour organiser des élections. Sans quoi, elle aura droit de vous imposer son choix, et entrer dans les deux chambres où il y a des parlementaires mercenaires, exiter des querelles, et provoquer des soulèvement dans le but d'obtenir ce qu'elle veut. Ces gens ne sont pourtant pas des amis d'Haïti; ce sont des oiseaux rapaces, des traitres, des hypocrites, des exploiteurs. Attention! Il y a des hommes comme eux dans tous les pays du tiers-monde et ailleurs; ils ont tous la même mission, sucer le sang des autres nations, pour s'enrichir eux-mêmes.

Quinzièmement – Remontons quelques années avant que je suis né au cours des années cinquante.

Tous les politiciens d'avant jusqu'à maintenant, présidents, sénateurs, députés, tous les ministères, les directions générales, ont une mauvaise réputation d'avoir l'habitude de voler de l'argent au cours de leurs mandats de la trésorerie de l'Etat; et personne n'a du cran de créer une loi contre l'impunité, afin de punir les voleurs. Je me demande quand allez-vous écrire cette loi, si vous ne faites pas partie de cette bande?

Seizièmement – Quand la posture de vautour (grand mangeur) de tous ces candidats présidentiels qui s'imposent follement pour le fauteuil du premier citoyen du pays s'arrête. Ils montreront au moins que, ce n'est pas la seule façon de servir leur patrie. Plus ou moins, ils reconnaitront que, le monde est en train d'observer leur conduite embarrassante.

Dix-septièmement – L'un des plus grands problèmes que nous confrontons est une question qui est en rapport à la moralité. Les conducteurs actuels ont un grand problème de sentiment moral. Cela doit être résolu. Aussi, presque tous les parents des Haitiens oublient leur racine. Ils ont tous démissionné de leur devoir à la maison. Ils ne vont pas à l'église en compagnie de leurs enfants. C'est pourquoi nous avons tant de gens insouciants, même quand ils sont bien éduqués intellectuellement. Le Département de l'Education n'enseigne pas de la morale, et de l'instruction civique à l'école comme avant. C'est pourquoi nous avons actuellement tant de voleurs, et des inconscients aux environs. Leur Dieu c'est l'argent. Ils peuvent tuer n'importe qui pour un dollar.

Dix-huitièmement- Le pays a grand besoin de quelqu'un qui est neutre, et qui a du cran. Il se tiendra à côté de la Justice, afin de faire observer la loi à tous les niveaux; parce qu'elle n'est pas "RESPECTEE" par les gouvernants et par les gouvernés. On veut qu'elle soit appliquée et obéie! Quelqu'un qui ne joue pas, sérieux, un homme aux bras de fer, peut faire respecter cette suggestion.

*****

Curiosité - Il y a des pays qui ont la volonté d'aider Haïti. Ils ont formé des milliers de cadres haïtiens. Ils veulent sûrement les utiliser pour le développement du pays, le sortir de ses embarras. Je veux citer : Israel, le Canada, la chine, la France, les Etats-Unis, le Méxique, Cuba, le Brésile etc. Pouvez-vous vous fier à cette nouvelle génération du onzième départment? Je pense que oui. Mais, de toute façon, c'est à vous d'en juger. Dans d'autres groupes éthniques, il y a des types qui, après avoir terminé leurs études universitaires à l'étranger, retournent chez-eux dans le but de pratiquer leur profession, partager leur connaissance avec les gens de leur terre natale. Et ils les reçoivent avec les bras ouverts. Ces sortes de témoignages sont souvent entendus à la radio, à la télé ici aux Etats-Unis.

Plusieurs ont eu du succès. Qu'en pensez-vous? Si votre réponse est oui, vous devriez créer des lois les permettant de s'introduire sur la scène politique haïtienne. Apprenez que le développement ne devrait pas être égoiste, si vous voulez réussir. C'est encore là, un avantage que le pays a. Vous devriez prendre en main les facultés d'encourager ces cadres à déveloper Haïti avec les moyens du bord; tout comme exploiter aussi vos mines vous-mêmes comme font les autres pays. Vous n'avez pas besoin de ces bateaux qui mouillent dans vos ports en catimini la nuit, y restent pendant un bon nombre de jours sous prétexte d'être des touristes. En d'autres termes, ils entrent dans le port juste pour éviter le mauvais temps. Et pourtant, ils ont une mission spéciale. Ils ont la permission des apatrides d'emporter vos canons de bronze qui se trouvent dans vos forts, de l'or, du diament qu'ils découvrent dans votre sous-sol. Ces actions posent un problème, la violation d'un territoire par des intrus; ce qui n'est autre que du vol, de la tromperie, de la piratrie sous la forme la plus vulgaire, de la trahison. Le peuple est au courant même s'il ne dit rien. Il y a un jour pour chaque chose. J'espère que lorsqu'il les réclame publiquement, qu'on ne le tue pas. Le jeu est que ceux qui sont au pouvoir sont compensés à huis clos, tandis que l'étranger va gagner des milliards.

Il y a encore deux choses qu'il ne faut pas oublier. Ceux qui ont trahi la patrie, ont accepté des magots afin de détruire la production du riz de l'Artibonites qui était meilleur que celui que vous utilisez actuellement. Pour se faire, ils ont introduit sur le marché ce produit importé en abondance à un prix dérisoire qui étouffe la culture du riz local. Par la suite, que font ces politiciens qui travaillent sous la dictée des puissances étrangères? Ils haussent le prix du nouveau riz et tout est perdu. En fin de compte, nos paysans se découragent puisqu'ils n'en tirent aucun profit. Quelle trahison! Ensuite, ils ont commis un autre délit grave qui a donné le coup de grâce à la nation. Et c'est la somme de toutes ces erreurs qui ont contribué à ces troubles économiques ces derniers temps dans le pays. Ils ont massacré les "cochons" créoles qui étaient le carnet de banque du peuple. Comprenez bien, pour faire face à la rentrée des classes en Octobre, pour nourrir ses enfants, l'individu vend un ou deux "cochons" pour accomplir ce dessein. Hélas! Les apatrides ont remplacé cette culture par des "cochons grimels" qui ruinent une fois de plus l'économie au profit de l'exploiteur. Honte à vous, si vous n'avez pas honte de vous-mêmes. Aussi, le pays n'a pas besoin de certains étrangers qui s'y installent sous le couvert d'une mission évangelique; ils ne sont que des espions sur le territoire national. Ils contribuent, malheureusement, aux scènes tragiques et politiques du pays.

*****

LE MULÂTRISME ET LE NOIRISME

Tout le monde sait que, originalement, le noir vient de l'Afrique. Actuellement, il peuple sur la terre entière. Celui qui est né ailleurs du continent, ne peut pointer exactement du droigt, sur la carte, le pays de ses ancêtres. C'est -à -dire, de quelle partie ils étaient. Ce qui est remarquable, le noir garde toujours le caractère du groupe duquel il est venu. Tous ceux qui viennent de l'Alma-mater, ont presque le même accent quand ils parlent. Peu importe s'ils s'expriment en français ou en anglais. Ceux qui viennent d'Haïti, ont leur tempérament. Ils aiment leur travail, leurs femmes, et leurs enfants. Ceux qui sont nés en Amérique du Nord sont totalement différents de tous les autres groupes. Ils ont les mêmes habitudes, un même accent, un même caractère. Les autres groupes se préoccupent à travailler pour survivre et progresser. Ils ne s'engagent pas à ruminer une rancune surannée, inutile. Il n'y a pas seulement le blanc à être qualifié d'être raciste. Il vaut mieux d'être victime de discrimination de la part d'un blanc que d'un noir. Il vous opresse plus rigidement, parce que vous êtes un nouveau venu, vous avez un accent, vous n'êtes pas du pays. Allez-vous-en! Tandis que, si le blanc vous méprise, cela vous fait moins de mal, cela vous blessera moins, parce que vous saviez déja qu'il a été enseigné par ses parents qu'il est supérieur à la race noire. Bon nombre d'entre eux ne pratique pas ce que dicte ce "slogan". Etre attaqué de discrimination par des noirs comme vous est rigide et indignant. Dans la compagnie, dans l'usine, ils ne supportent pas voir un noir qui vient d'un point quelconque du globe, à moins qu'il a un tempérament de flateur. Ce qu'ils ont de commun avec les autres groupes, c'est qu'ils ne peuvent s'entendre entre eux, dans le sens de s'unir ensemble pour réaliser un projet par exemple. Ils s'entredéchirent et gardent leur position personnelle.

En bref, nul ne parviendra jamais à faire un portrait parfait, d'une époque aussi fragile, au cours de laquelle (avant et après 1804), la question du racisme en Haïti, fut étonnante par son cynisme. La réalité dans laquelle les classes sociales évoluaient, remplissaient l'air d'une odeur de violence imminente qui bouillonnait. Aussi, elles garnissaient de poudre le baril qui était prêt à s'éclater. Toutes les conditions pour cette insurrection étaient réunies. Il eut fallu des allumettes afin de faire exploser la dynamite. L'impacte que cette idée créait, affectait les sentiments, l'orgueil de plus d'un, lorsqu'il est considéré que trois classes d'homme vivaient ensemble, mais distancées, isolées l'une de l'autre, par des facteurs discriminatoires, racistes: les blancs, les affranchis, et les esclaves. Après la proclamation de l'indépendance le 1er Janvier 1804 aux Gonaïves, Dessalines a voulu restorer l'économie nationale. Puisqu'il avait procédé à la distribution des terres communément appelée "réforme agraire", et il exigeait les nouveaux libres à travailler du matin au soir; cette idée a été méprisée par les anciens combattants, d'où la naissance du caporalisme agraire. Et les affranchis de leur côté, ne digéraient pas, ne partageaient pas la décision de Dessalines. Les anciens alliés de ce dernier tels que Christophe, Pétion et d'autres, poussés par l'ambition et l'égoisme, complotaient contre Dessalines. Et le 17 Octobre 1806, l'empéreur a trouvé la mort dans une embuscade au pont rouge, près de Port-Au-Prince.

Une scission partageait le pouvoir en deux: Pétion dans l'Ouest et le Sud, Henri Christophe dans le Nord, Centre, Nord'Ouest, Artibonites. Dès lors, l'élite Haïtienne qui, en grande partie composée de gens à peau claire, contrôlait le pouvoir et les meilleures positions des affaires de l'Etat et de la société. C'est pourquoi, c'est une guerre de race. Cette guerre commence dans un sourire, un coup d'oeil qui mesure de haut en bas le nègre, crée une atmosphère de tension autour de lui. C' est déplorable, et inimaginable. Tout le long de la pérégrination de ce pays, cette minorité observe. Elle est le résultat d'une combinaison Européenne qui avait pour mission de contrarier la bonne marche des affaires économiques de la République, en rendant moribondes et boiteuses, sa politique et ses institutions. Cette combinaison continue de s'évoluer en 1915 sous les manoeuvres subtiles des E.U.A., en établissant des Arabes (Syriens, Libanais, Juifs etc), sur la terre Dessalinienne. Bien arrangé, ce complot suit son cours. Il a pour but, de permettre à ce petit groupe, de dominer sur les resources économiques (commerce, industrie ect), tout ce qui propulse de l'argent.

D'après certains, le président Duvalier père, tout au début de son mandat, n'avait confiance en personne. Il était très prudent. Comprenons la situation d'alors! On se demandait comment il allait se tenir, face à des adversaires farouches. Après avoir été témoin du théatre politique de l'époque, arrivé au pouvoir, il a su construire son fort, sa défense. Tous les animaux qui sont piégés montrent leurs dents et leurs griffes, dit un proverbe haïtien. C'était de là qu'il tirait sa tactique, celle qui a fait durer sa magistrature.

Il prenait tout son temps à distribuer des armes à feu aux gens les plus méprisables, les plus incultes du pays, des cireurs de bottes, des brouettiers, des mandiants, et même des écoliers etc. Il les tournait l'un contre l'autre. Ils semaient ainsi de la discorde entre eux et de la terreur. Le pays était d'un coup rempli d'espions. Personne ne se fiait à personne, puisqu'on ne savait pas qui est qui. Ainsi, ils commençaient à accuser, le plus souvent, un grand nombre d'innocents. A partir de ce moment-là, la terreur régnait, tout le monde avait peur de lui. Lorsqu'il frappait ses pieds, le sol tremblait. Et ce pouvoir se distribuait comme du pain chaud sur le marché, dans tous les coins d'Haïti. Aussi, il y avait un respect mutuel. Moi qui vous parle, j'étais un gamin à cette époque-là. Je n'étais pas un "tonton makoute". Je suis encore vivant. Le truc est que, si quelqu'un tenait sa langue en bride, il est bien gardé et sera épargné de tout danger. Une autre réalité qui reste gravée dans l'esprit des Haïtiens, du père au fils, le pays était tranquille, bien que bouillant en-dessous de la table. Les mots: "zinglindo", "père lebrun" n'existaient pas encore. Ces mots rentraient dans le vocabulaire Haïtien vers les années 1986, période à laquelle, le pays était en proie de la violence et de la turbulence; l'insécurité battait son plein. Bien avant, tout le monde pouvait circuler à n'importe quelle heure en toute quiétude. La production vivrière était abondante; on n'avait pas faim. Nous en avions de telle sorte que nous avions l'habitude de vendre le surplus à la République Dominicaine. Où en sommes-nous aujourd'hui? Si vous alliez au marché vers quatre heures de l'après-midi, tous les produits qui ne se vendaient pas au cours de la journée, sont liquidés à un prix dérisoire.

Au cours de son passage au pouvoir, le Dr François Duvalier avait mené un combat de longue haleine contre le mulâtrisme, juste pour mettre sur les rails de la stabilité, le train du noirisme. C'est ce qui le poussait à éliminer sur sa route, tous les contre-venants mulâtres et noirs qui s'interposaient à son régime. Il n'était pas méchant pourtant, il avait droit à sa légitime défense. S'il ne les éliminait pas, ils l'auraient piégé et coincé.

Dans le parlement, dans le clergé, dans les ministères, aux postes de directeurs généraux, dans l'armée, il n'y avait pas eu d'oficiers noirs en charge, sinon que de simples soldats; le noir ne pouvait pas occuper aucun poste important. Ainsi, le racisme battait son plein dans toutes les institutions. Si le mulâtre est membre de son parti politique, il est protégé; mais, s'il se tient dans l'opposition, le régime le gobe. En toute franchise, il

a automatiquement mis un frein dans la machine de l'Etat, son administration, et dans celle du Clergé, en élisant des hommes aux cheveux crépus à la tête des positions importantes. Pour réaliser ce changement, le président a mis sur place une machine politique puissante et efficace, en prenant des mesures, des décisions drastiques, en chassant les "prêtres jésuites" du pays. Leur réaction fut menaçante; ils complotaient de renverser le pouvoir en place. C'est ce qui permettait au même président d'accepter que ces "gens phénoménaux" foulent une fois de plus le sol d'Haïti.

A l'arrivée de Jean-Claude Duvalier, le bateau a changé de cap; il n'a pas respecté la trace de son père. Il pensait, peut-être, que la politique était un jeu de puzzle. Il s'est fait prendre dans le piège des ennemis de son père. C'est ce qui lui a vallu d'un prix énorme, la perte du pouvoir en 1986. Au cours de sa présidence, le voile du temple, étant fendu en deux, ceux-là qui comprenaient la stratégie du père comme Lafontant et d'autres, se rangeaient au côté du fils;

et sur l'autre rive, d'autres que je ne cite pas; ils se mettaient au côté de sa femme.

C'est pourquoi, cette élite eut les pieds et bras liés, lors des cérémonies d'investiture du jeune prêtre Jean-Bertrand Aristide comme président élu par la majorité des Haïtiens en 1991. Ce formidable acte du Dr Duvalier lui a été en profit, et il (Jean Bertrand Aristide) a su gagner lors, la confiance du peuple. L'élite haitienne, composée d'une liste de grands noms, dont certains sont bien connus. Ils sont, pour la plus part, responsables de beaucoup de délits, de meurtres, d'assassinats, de kidnappings, de zinglindoisme dans le pays. En dépit de leurs mauvaises actions, commises non à l'insu des gouvernants, ils restent impunis. Ces gens sont très puissants, parce qu'ils possèdent beaucoup d'argent, et toutes les affaires économiques qui soutiennent le gouvernement leur appartiennent. Ils sont en compromis politico-économique, directement, ou indirectement avec les politiciens. Ainsi, ils ont la haute main dans la société, et tout leur appartient. Ainsi, qui va payer le "pot cassé"? Le pauvre. Il va être victime de toute façon.

Si un chef d'Etat n'accepte pas leurs conditions, ils vous renversent. C'est ce qu'ils faisaient d'un président bien connu qui rejetait publiquement leurs principes. Ce que je reproche à ce dit gouvernement est, il n'a pas fait trop de différence entre les élites et lui. Ils ont une bande de mafia bien organisée, et lui, il a créé la sienne. Ils estorquent les gens en les enlevant et en les tuant, et lui, il adoptait la même position avec sa bande, en menaçant les gens, en les assassinant, en intimidant des investisseurs qui étaient obligés de fuir après ses menaces.

Avec une faible minorité de mulâtres, et une majorité écrasante de noirs, il n'y a pas de ségrégation raciale en Haïti, sinon que des séquelles. Si elle existait, il y a longtemps que ce serpent est rentré dans son trou. Il n'ose pas en sortir de là, car, la majorité ne le permettera pas. Sur cette terre Dessalinienne, il est là en catimini, mais, il ne laisse pas de trace visible. Attention! Ce qui répugne est le contraire de ce qui se trouve dans des pays d'outre-mer. Etes-vous riche, ou êtes-vous pauvre? Si vous êtes riche, je vous respecte même si vous êtes sot. Si vous êtes pauvre, qui que vous soyez, vous n'êtes pas important, même si vous aviez un doctorat. Tandis que à l'étranger, riche ou pauvre, le blanc pense qu'il est supérieur aux noirs. L'Haïtien, dans sa lutte de classe, a tendance de vous réduire à zéro. Ce qui est mal, et qui reste une tarre dans son développement, c'est que, quand quelqu'un a terminé ses études secondaires, il pense upso facto que c'est tout; il a atteint le plus haut point de sa vie. Il commence à mépriser les autres, il les traite de sots en quelque sorte. Cela frustre la population. Il devrait pourtant les encourager à tenter leur chance, d'aller à l'école, poursuivre leur but.

A l'étranger c'est le contraire. Ceux qui sont gradués dans une université, encouragent la masse, à n'importe quel âge, d'avoir une éducation. Ce qui influence le plus la société, est une crise continuelle, qui paralyse nos efforts, et bloque les portes d'accès à notre émancipation économique; une tendance qui se matérialise sous la forme simple, si je peux le dire ainsi, d'une "ségrégation mentale", une lutte de classe muette qui s'installe dans le cerveau des individus. Elle bouge entre les gens qui sont riches, et ceux qui sont pauvres – entre les gens instruits et ceux qui ne le sont pas; et parmi les privilégiés et les politiciens, elle crée une sorte de "pollution intellectuelle", et individuelle.

La plus part des gens riches, des multi millionaires, des billionaires, sont des récalés, ou des gens qui n'ont même pas achevé leurs études secondaires. Et tous ceux qui sont bien éduqués dans des facultés, dans des universités vont chaque jour travailler pour eux. C'est drôle, mais, c'est une réalité. En bon terme, je n'encourage pas et je ne prêche pas une doctrine de résignation ou le fatalisme; mais je veux qu'il y ait un changement de mentalité. Il faut voir les choses comme elles se présentent.

Vous qui êtes des universitaires, que faites-vous de cette montagne de connaissance que vous aviez acquise. Croyez-moi, si vous aviez porté attention à votre environnement, le pays ne serait pas pauvre à tel point. Vous devriez après deux cents ans d'indépendance relever le défi du fait que vous portez le titre d'être la nation la plus pauvre de l'hémisphère Ouest; vous devriez être au contraire, des créateurs et des promoteurs, des inventeurs dans des centres de productivité; des femmes et des hommes qui cherchent à faire des découvertes scientifiques dont le monde a tant besoin. A l'étranger, ceux qui se reconnaissent comme tels, c'est-à-dire des intellectuels, créent, inventent pour le bien de tous. Leur connaissance ne se limite pas à chercher un travail noble, une vie décente, respectable qui méprise les autres, mais elle scrute à l'horizon, invente quelque chose de glorieux dans le monde international; tel qu'un produit qui peut guérir définitivement un patient du sida par exemple. Mettez-vous au travail! Vous aviez passé toute une vie à faire des expériences personnelles dans le sujet pour lequel vous aviez opté, mais quel en est le fruit? Votre diplôme ne vous a jusqu'ici servi à rien. Vous êtes encore des subalternes qui allez chaque jour comme le vulgaire, marquer votre carte d'entrée et de sortie dans un "job" que vous considérez être le tout dans votre vie. Vous êtes toujours suspendus dans l'espace, dans l'inertie; il n'y a pas de compétition chez-vous; vous ne bougez pas. Vous devriez être des inventeurs; et la somme de ces créateurs, dans un centre de recherche, fera l'honneur de ce cher pays. Et un jour, vous en seriez fiers.

Le blanquisme et le mulâtrisme en Haïti ont fait leur chemin jusqu'à Duvalier père, titube pendant le régime de Baby Doc, et sommeille non profondément, dans la suite. Cette minorité qui forme l'élite haitienne, possède la clef économique du pays, purge encore la volonté de la majorité, avec de la complicité étrangère, afin de tenir éternellement les reines du pouvoir Haïtien. Voilà l'une des causes des coups d'Etat, et l'état de puanteur dans lequel patauge le peuple qui meurt comme des brebis qu'on mène à la boucherie. Il souffre en disant au secours! Sans que sa voix puisse être entendue par les grands du monde, et par la justice.

Saviez-vous que, sur ce vaste territoire des Etats-Unis d'Amérique, les méchants, les tyrants, à travers les temps, avaient l'habitude de lyncher les noirs, à cause de la couleur de leur peau. Ce lynchage commençait bien avant le 19 ème siècle, période pendant laquelle, des milliers de noirs étaient ainsi exécutés. Cette haine se poursuit actuellement, en éliminant les hommes âgés de 17 à 50 ans. On a pu constater qu'à la fin du mandat du président Obama, la tension raciale a augmenté. Des noirs s'entre-tuent, et des policiers en profitent pour montrer de quoi ils sont capables, en massacrant des innocents sous quelques prétextes que ce soit; surtout, qu'aucun d'eux, en dépit de leurs crimes, n'a jamais été condamné par un jury, un juge local ou fédéral. Ce sont des "chouchoux". Tout indique que la police est corrompue, et que les tribunaux excitent une insurrection, et prêchent de l'injustice.

Soyez raisonnables, si un agent de police a le courage de cribler de 16 balles, un citoyen non-armé, c'est qu'il est en rage pour une cause quelconque; cela est pire que deux ennemis qui se croisent sur un champ de bataille.

Si on veut choisir des pays où les noirs sont toujours sous une pression continuelle, on citerait Haïti, étant un symbole de liberté par rapport aux noirs des Etats-Unis, devrait attirer l'attension, et la compassion d'un président Nord-Americain. Les Africains Américains devraient bénéficier un peu de protection de ce citoyen. Et ce qu'ils auraient souhaité pour leur communauté, auraient dû avoir son accomplissement, au cours des années que ce personage a passé au pouvoir. Il est entendu que tous les citoyens du pays doivent respecter la loi et ceux qui sont chargés de la faire observer. C'est une obligation et un devoir. Dans le cas contraire, qu'en pense t-on? On dirait que ce président n'a pas oeuvré en faveur des noirs; il ne les a pas honnorés comme étant des gens de sa race. Beaucoup de gens sont déçus. Au lieu de réprimander leurs oppresseurs, il les honnore et les défend, pour une raison ou une autre bien déterminée.

Que dirait-on de ce cas que j'ai oublié de mentioner plus haut. Il ne lui est pas sans savoir que 20 pourcent de noirs sont en esclavage en Mauritanie. Qu'en dit-il? A-t-il ouvert une enquête à l'ONU en leur faveur? Etant l'homme le plus fort du monde, a-t-il sonné de la trompête dans le but de les libérer? Ils veulent, pour sûr, être délivrés de leurs chaines. Que fait-il des colons du 21ème siècle débutant? Cette République se situe en Afrique de l'Ouest dans une partie du Sahara. Elle est dirigée par des descendants d'Arabes. Si un enfant noir y est né, il est né esclave. Il est privé de tous les droits; droit d'aller à l'école, droit de liberté, de disposer comme il veut de sa vie. Et c'est un héritage qui dure depuis toujours. Peut-on perdre le bon sens d'accepter de telles conditions pour des gens comme nous, tout au début de ce siècle moderne? C'est inacceptable. Peut-on me donner une raison pour laquelle, les noirs sont si persécutés, maltraités, méprisés, misérables dans le monde? Pourquoi les blancs les font-ils souffrir autant? Pensez-y!

Il n'y a pas un très grand écart entre définir le blanquisme et le mulâtrisme, contre le noirisme. Les deux premiers visent un même but, et partagent les mêmes intérêts; ceux de soumettre le noirisme sous leur joug, à leur avantage. Admettons que, lorsqu'un gouvernement mulâtre arrive au pouvoir, on trouve que tous les politiciens noirs s'enfuient comme des chevaux au gallop. Alors que les mulâtres sont considérés être de dix pourcent de la population. La différence est qu'ils sont solidaires, ce qui les permet d'assujetir le noirisme sur le plan politique et économique. Même s'ils ne sont pas au pouvoir, leur politique économique est un rampart solide pour leur sauvegarde et leur position sociale. Tandis que les noirs ne sont jamais solidaires. Ils pratiquent une politique "du chien qui mange le chien." En dépit de leur majorité, ils trainent toujours dans la crasse et la misère, à cause de leur téchnique et de leur égoisme qui les empêchent de s'épanouir.

Tous les grands pays ont deux ou trois partis politiques. Lorsque l'un d'entre eux perd les élections présidentielles par exemples, il recule et accepte paisiblement sa défaite. Il va corriger ses erreurs, combler ses lacunes, se préparer pour le prochain tour. Il ne va pas brûler des cahoutchouc à tous les coins des rues, braquer des armes à feu sur son rival. C'est du barbarisme total que d'enregistrer cinquante-quatre partis politiques dans un lopin de terre comme le nôtre. Cela montre combien est large l'écart entre les falaises qui nous séparent l'un de l'autre. Si nous ne discernons pas que nous devrions nous pardoner, oublier nos erreurs, nous entendre dans une bonne communion fraternelle, nous ne réussirons jamais à avoir un Etat de droit, un pays autonome.

*****

Si, à la constatation de tous, à la Nouvelle Orléans, des nègres comme eux, au sein d'un pays industrialisé, la super-puissance militaire et économique du monde, sont purgés et retenus dans la misère, a plus forte raison, ceux d'Haïti seraient traités pire. Lorsqu'on considère qu'après la "sunami" qui frappait les côtes de l'Indonésie etc., et dans l'espace de peu de jours, pour des raisons politico-religieuses, combien étaient mobilisées des organisations politiques, dans le but de prêter mains fortes aux affligés, ce qui est normal; et aussi, voir le silence qui règne sur bien des cas qui réclament aussi du secours; Darfour par exemple au Soudan, laisse entendre qu'il y a de quoi se poser des questions. Voilà le résultat de la lutte entre le blanquisme et le noirisme; une confrontation d'idées qui a occasioné, même au début du vingt et unième siècle, que les gouvernements de certain pays, dans le but d'épurer une génération d'aborigènes, c'est-à-dire, pour annuler toutes traces de leur origine nègroïde, a fait enlever du sein des familles, tous les enfants de sang mêlé. Selon eux, en les croisant avec la communauté blanche, leur couleur pourait disparaitre au cours de quelques générations. Cela se passe dans les Antilles, en Australie, en Amérique Latine, surtout au Brésile où il y a 97 millions de noirs; ce qu'on considère être une très vaste majorité de la population. Il y eut quatre millions d'esclaves vendus sur ce marché; il y a encore aujourd'hui, un très grand combat, la légalité des races humaines dans le même pays, et partout.

On ne peut pas l'ignorer, d'après ce qu'on lit et entend dans des médias, on comprend que, partout où se rencontrent des noirs, une majorité, ou même une minorité de blancs, diminue leur chance d'avoir une vie plus ou moins décente; disons, en comparaison aux groupes de gens sélectionnés par les économists et entrepreneurs de ce monde qui est très souvent séduit par les apparences. Lorsqu'on jette les regards sur les lieux de travail et les universités, on découvrira que les noirs sont les moins favorisés, même s'ils sont en majorité. Si on est intelligent, on comprendra que l'argent est l'un des sentiers qui mènent toujours une minorité au pouvoir, par des trucs et par la force. Ils retient les pieds et les mains de la majorité liés dans un filet politique. Il est une machine de corruption qui fait tourner les choses en faveur de son idéologie. Il crée une sorte de pression capable d'impressionner l'orgueil des groupes en question, à se dédaigner, et à approfondir leur croyance dans le sectarisme que dans des idées qui inspirent du progrès. Il fait naître aussi de l'égocentrisme qui ne produit que des fruits qui engendrent dans la pensée des uns et des autres, d'étendre le pouvoir de l'égoisme et de la haine. Tout le monde sait que peuple, religion et langage sont des symbols de pouvoir. On ne peut compter combien de fois ils ont été employés dans le passé comme une machine puissante, capable de lever jusqu'aux nuages des indifférences socio-politico religieuses, ou, en d'autres termes, il est impossible de les déposer bien bas sur le sol de la compréhension, afin de résoudre des problèmes qui ravagent la société. La meilleure opinion dira: c'est notre plan d'avancer paisiblement vers le future, et mettre automatiquement le passé en arrière. Tout simplement, qu'il soit oublié! Il est si amer, sanglant et douloureux. Un sage ajoutera que ces actions criminelles étaient perpétrées par des misérables gens qui avaient perdu la tête, qui pensaient que leur philosophie était la meilleure. Ils voulaient l'employer sur des gens faibles afin de dominer le monde.

Certains avaient mis en application leurs méthodes; ils avaient fait souffrir beaucoup de nations, la terre entière. Ils avaient fait faillite, leur folie n'avait pas de succès. Dans le but de vaincre les idées du passé, tout le monde doit divorcer avec lui et ses souvenirs. Et toutes les armes qui avaient été employées pour faire souffrir l'humanité, devraient être détruites. Que pensez-vous de ce qui suit?

Si chaque fois que je vous rencontre, vous me toisez, ou vous me grondez, ne pensez-vous pas que cette attitude envoie un message très fort à mon cerveau que je suis en face des mêmes dangers d'alors; peut-être, je commencerai sur le champ à trembler dans mon pantaloon d'effroi, parce que, je ne suis pas sûr où je me tiens. Et chaque fois que je vous vois, je saurai que je suis en face d'un ennemi, parce que, même vos regards me traitent mal, ils disent de moi: petit nègre! Les racistes n'ont pas créé ce mot pour honnorer les noirs, mais pour les humilier. Cela ne devrais pas être ainsi. Au contraire, de près et de loin, je devrais être capable de vous saluer paisiblement, sans complication aucune. Cela m'assurerait au moins, que les attitudes d'autrefois, ont disparues. Je suis en sécurité. La couleur de ma peau ne dérange personne comme avant; je suis libre, elle cesse d'être un obstacle. Alors, à cause de cet accomplissement, je vivrai une trentaine d'années en plus, à cause de ma profonde joie. Désormais, quand des officiers de police croisent un noir dans les rues, ils ne diront pas, voici un criminel. Mettons une évidence dans sa voiture pour le coincer; il sera le type que nous cherchons; et cette affaire est finie. Mais, doués de raison, et d'une bonne conscience, ils diront non! Il y a un Dieu qui nous suit. Il peut nous punir, à cause de ce mensonge.

*****

Aussi évidente qu'elle parrait, la controverse concernant John Hanson, laisse croire que, les médias n'en parlent pas, parce qu'il y a quelque chose qu'ils cachent, sur l'identification réelle de cet homme. Il est apparu tantôt comme un individu de race blanche, tantôt comme un homme de race noire.

Dit-on, il fut né en 1715. Il était un délégué de l'Etat de Maryland, et fut le premier à être placé à la tête du congrès. A cette époque, ce vaste territoire ne s'appelait pas encore les Etats-Unis d'Amérique. Il prit ce titre après la mort de ce dernier en 1783. D'après certains, il fut considéré comme étant le premier président des Etats-Unis suivant l'importance de sa fonction.

Après lui, succédaient six autres présidents, avant qu'un gouvernement fédéral fut créé, qui avait un plus grand pouvoir que le congrès. Des hommes politiques se rassemblaient. Ils rédigeaient et ratifiaient une nouvelle constitution en 1787 – 1788. Cette dernière mesure plaçait au poste du pouvoir exécutif, à la tête du gouvernement fédéral, George Washington en 1789, comme premier président, sous l'autorité de cette nouvelle constitution.

Pourquoi les ecrivains d'alors, et ceux d'aujourd'hui, les médias en particulier, refusent-ils d'en parler. Je ne sais pas. Mais, un type intelligent dira, parce qu'il y a un doute, une dispute muette sur une question de race, une guerre de classe, du racisme quoi! Révéler qui il était s'avère être plus horrible que la bombe H. Ce serait une explosion de grande envergure. Imaginez-le bien, c'est une preuve que la majorité déteste les noirs.

*****

Si pour créer une histoire, avoir leur liberté, les noirs d'Haïti avaientt brûlé des champs de canne-à-sucre; ils avaient détruit toutes les récoltes, les denrées qui enrichissaient les blancs, ils avaient coupé, décapité leurs têtes, brûlé leurs maisons, les chassaient de la colonie, ils avaient à cause de cela, payé après leur indépendance, un prix énorme de persécution incessante jusqu'à ce jour; à cause de leur bravoure, et de leur courage incomparable. Car, ils avaient en face d'eux, des ennemis puissants. C'est pourquoi, en dépit des efforts que faisaient des gouvernements, rien ne pouvait être devenu réel, palpable, concret, fruit d'un succès quelconque; parce que les ennemis, les espions, les fauteurs de trouble en question, sont toujours sur place pour semer de la discorde. A remarquer, chaque fois que ce pays va respirer et lever la tête, il y a toujours un obstacle sur son chemin. Soit que le palais est sautté, soit qu'il y ait un coup d'état, ou une insurrection, du feu partout. C'est ce qu'en politique, on entend par, je divise les gens, je les pousse à la révolte; en même temps, je me mets entre les partis; je m'interpose pour les calmer., à cause de mes intérêts parmi eux. Le blanc est toujours derrière le chef de l'état pour lui dicter ce qu'il doit faire. Et s'il ne l'exécute pas, il sera exilé, empoisonné ou assassiné. Méfiez-vous, ils ont quelque chose derrière la tête. S'ils sont chez-vous, c'est qu'ils ont quelque chose à exploiter chez-vous. Leur politique consiste en: donnez-moi et je vous donnerai aussi. "Bam ma ba-ou". Ils veulent toujours vous faire payer votre insubordination, votre insolence, parce qu'ils pensent qu'ils sont vos supérieurs. Et pauvres de vous, vous êtes têtus, naïfs, aveugles, animés de bon Coeur envers des étrangers, vous ne comprenez pas quelle est la raison qui est derrière tous ces feux d'artifice. Vous parlez de corruption, ce sont eux qui viennent avec cette methode afin de semer des troubles, vous empêcher de réussir.

*****

En quoi nuit-elle, la couleur de la peau d'un être humain que Dieu a créé à son image et à sa ressemblance comme tout le monde. Est-on plus grand et intelligent que le Créateur? Etant hommes, peut-on changer son plan? La pratique de la traite, des siècles avant, a poussé des rois puissants de l'Europe, à participer à des actes délictieux, en forçant plus de douze millions de noirs qu'ils capturaient dans des tribus éparses en Afrique, à laisser leur terre natale, juste dans le but de mettre en pratique le communisme par l'esclavage, afin d'enrichir l'Europe. Posez-vous la question, pourquoi le sort tombait-il sur l'Afrique? Pourquoi pas sur une autre partie du globe? C'est simple, parce que c'est un continent noir, un point c'est tout. Haïti a contribué à l'indépendance de plusieurs pays de l'Amérique, pourquoi font-ils tous silence à propos dans leurs discours et dans leur média? La réponse est simple, pour la même raison. Ils ne veulent pas que les étudiants et la population d'en être informés. Pendant ce temps, ils s'amusent à faire des parallèles entre la révolution Française et la leur. Les idéologies, la religion, l'argent, le pouvoir et le racisme sont pour la planète ce que la malédiction était pour Sodome, Gomorrhe, et le monde antédiluvien.

*****

Le quatre juillet marque l'aniversaire de l'indépendance des Etats-Unis d'Amérique. En ce jour solennel, noirs et blancs sont en joie du fait que les patriarches de cette nation, c'est-à-dire, les combatants qui se sont mis debout pour lutter jusqu'au sang pour cette indépendance, noirs et blancs ont sacrifié leur vie, pour que aujourd'hui, ce peuple puisse vivre libre; qu'elle (Amérique) continue de tourner cette machine d'immigrants qui y viennent, pour y faire naître des nouvelles générations qui luttent pour le progrès; que cette formidable machine aillent vers l'avant avec la même vélocité, sans laquelle tout meurt. Parce que, cette liberté qui a été prise par ce peuple, si elle ne roule pas avec la même intensité, indiquera que la DEMOCRATIE est à son terme; puisque les immigrants constituent le gaz et l'huile qui donnent vie à ce moteur. Si les autorités dans ce pays ignorent les efforts des pères de cette nation, qui ont accepté et reconnu qu'ils étaient aussi des immigrants, et que la croissance de cette patrie dépendait aussi du fruit de leurs efforts, dans l'industrie, chez des producteurs, des inventeurs etc., c'est que la DEMOCRATIE est son terme. Puisque la controverse que tout le monde sait, après l'émancipation, l'esclavage n'a pas pris fin en Amérique du nord, il est réapparu sous une autre forme. Les blancs ont créé des lois juste pour mettre en danger la liberté des noirs. Elles étaient tendues sur leur route comme un piège. Une fois qu'ils ont péché contre l'une d'entre elles, ils sont considérés comme étant des criminels; désormais ils vont travailler pour eux dans de durs labeurs toute leur vie. Et la majorité de ceux-là qui remplissaient les prisons étaient des noirs. Cette routine a pris fin après que le président Roosevelt a coupé court cette pratique en faisant appliquer la loi, et en prenant des mesures contre les abuseurs. Et cette attitude continue de se manifester dans le comportement de la majorité blanche jusqu'au-delà du milieu du vingtième siècle; IL EST A DECLARER OVERTEMENT QUE CETTE SOCIETE ETAIT, ET EST MALADE D'UNE FIEVRE DE RACISME A EN MOURIR. Et si vous ne voulez pas en parler, c'est parce que, vous êtes habillés d'un costume rouge d'hypocrisie. On voit chaque jour manifester les séquelles de cela dans la société actuelle. Vous en discutez en catimini. Pourquoi? Ce sentiment haineux dort, mais il n'est pas mort. Nous avons en vue, l'Europe, l'Asie, l'Amérique, et l'Océanie contre l'Afrique. Partout où le noir va, il semble que des caméras sont braqués sur lui, que des yeux invisibles le contrôlent. Pourquoi les prisons dans ce pays sont bondés en majorité de noirs que de blancs? Cela s'explique, et toute personne douée de raison sait que c'est vrai. Pourquoi les blancs ont-ils asservi les Africains? Pourquoi le noir Américain n'est pas jusqu'ici à son aise en face des blancs dans son propre pays? Pourquoi, jusqu'à présent, se manifestent des gestes, des comportements qui rappellent la haine, les rancoeurs, le mépris, la persécution et les mauvais traitements d'autrefois? On se demande, pourquoi, lorsqu'on est noir, bien éduqué étant, éloquent et placé par la majorité à la tête d'une organisation importante, on n'a pas le respect qu'on mérite, en dépit des efforts excellents de cette personne? Pourquoi fait-on des critiques bien déguisées à la radio, à la télé, qui, malheureusement ne ressemblent pas à son destinataire? Pourquoi ce sentiment de haine continue-t-il de faire son cheminement dans des gens qui se disent chrétiens, intellectuels, ouvriers, paiens, athés, vulgaires? Pourquoi, au moment où quelqu'un se tient en face de soi, même si on ne le connait pas, même si on ne l'a jamais vu avant, ce sentiment de haine a une brusque réaction contre cette personne? C'est un crime! Qu'a t-elle fait de mal? Tout simplement, il veut survivre dans cette jungle peuplée de bêtes fauves; vivre pour la paix, et chercher de la sécurité, un mieux être pour sa famille et lui. Ce n'est pas juste du tout.

Je me souviens que j'ai lu quelque part, que des noirs ont été entrainés pour défendre la démocratie au cours de la deuxième guerre mondiale dans des unités différentes, pour des devoirs différents. Les uns dans les forces de l'air, d'autres, dans l'infanterie par exemple. Pour la simple raison de la couleur de leur peau, ils ont été considérés comme étant un groupe inférieur, des citoyens de seconde classe. Pour cela, ils ont été assignés, en dépit de leur éducation militaire, à des tâches auxquelles s'occupe la main d'oeuvre ordinaire; telles que, débarquer des matériels lourds ou légers des bateaux, être des camioneurs, être des gens qui travaillent dans une boulangerie, être de ceux qui nettroient des endroits infectes, et transportent des détritus etc. Tout cela arrive, même s'ils sont polyvalents dans d'autres types d'activités.

Il est évident que c'était une guerre orageuse qui ravageait le monde, qui était cathégoriquement contre l'individu qui se sacrifiait lors, comme tous ses confrères qui luttaient pour la même cause. Evidemment, une autre guerre faisait aussi rage au milieu d'une armée qui avait un même but, à cause d'une question de la couleur de la peau; c' est stupide! Et ceux qui la commandaient ne mettaient pas un frein dans de tels comportements; ils acceptaient cette idée qui plaquait un masque obscure d'ignorance au visage de tous ceux qui adoptaient cette position. Le soldat noir méritait avant tout, du respect, de la protection de ses congénaires, quelque soit la couleur de sa peau, son origine, sa richesse, sa pauvreté, au lieu d'être traité comme l'un des chiens de la meute. Que de fois, il est accusé faussement, il est condamné sans preuves, il est assassiné à sang froid!!! Ce n'est du tout pas juste. C'est cruel et incorrecte. Et chaque fois que ces choses se répètent, il y a une tendance de croire que le monde est sot, aveugle d'une tyranie, d'une haine implacable, vaine, et demeure dans l'ignorance.

Les cris d'alarme du peuple noir Americain ont atteint une très haute altitude après la publication d'un verdicte camouflé d'un complot judiciaire contre la victime d'une histoire criminelle assez triste en floride; verdicte qui était lu au cours du mois de juillet 2013. Un enfant de dix-sept ans non armé, était assassiné, par un homme qui avait l'ambition d'être un policier; et il ne l'était pas. Il était libéré après cet acte. Ils pleuvent des exemples similaires dans d'autres Etats; tels que celui de Michael Brown, à Fugurson, celui de Eric Garner, à New-York ect. La détresse des noirs a franchi une limite inacceptable au début d'un nouveau siècle de lumière et de non-baillon de l'individu abusé. Même un hébété aurait pu distinguer le bien du mal dans ces cas. C'est assez clair que le racisme n'est pas mort, il s'installe au beau milieu de ceux qui ont la responsabilité de défendre une population, qu'elle soit blanche ou noire dans l'équité que réclame la justice; en parlant de celle-ci, elle est corrompue; elle vient de démontrer qu'elle peut comploter contre n'importe qui, pourvu qu'elle ne vous aime pas.

Le profile des noirs sur le grand écran est surveillé; ce problème de la question de race est courant, les noirs en ont marre. Partout où ils vont, il y a toujours quelqu'un bien armé qui les suit intentionellement. Moi-même, j'étais victime une fois de ce jeu dangereux.

L'aiguille qui contrôle le volume de gas que j'ai dans ma voiture ne fonctionait pas. Quand le réservoir est vide, elle monte; et quand il est plein à déborder, elle oscille vers la direction opposée. J'ai laissé la voiture pour aller à quelque distance à pieds, acheter du gaz. En tendant l'argent à la vendeuse, une idée me forçait de tourner la tête. Pour peu, j'aurais pu heurter les deux policiers qui se tenaient juste derrière moi les mains sur leurs armes.

Surpris, je leur disais: C'est l'Amérique n'est-ce pas? On est libre d'acheter du gaz pour sa voiture! Elle n'est pas trop loin, je viens de travailler. Je suis fatigué, j'ai fait seize heures de temps de boulot. Voyez-vous? Ils me suivaient. Et sans hésiter, en présence des témoins, je leur racontais l'histoire. Ils se sont tus, et je continuais mon chemin. Ma question est, si c'était quelque part d'autre, que penseraient-ils faire de moi? Que feraient-ils?

"Tuer en légitime défense, "restez là où vous êtes", sont des formules, des lois qu'ils ont créées, afin de s'appuyer sur ces slogans politiques et racistes, qui leur permettent de tuer, sans avoir peur d'être puni en retour. Tout ceci démontre que le racisme est toujours en vigueur, il n'est pas mort.

En dépit des bruits de rébellion et de révolte qui éclatent un peu partout, marquant le mécontentement des uns et des autres, le cri des multitudes se fait entendre, et leurs doléances dévoilent leur malaise. En ce jour du post-modernisme, cette tâche de rousseur, cette ombre qui se promène là où elle veut être accueillie, se glisse lentement pour lancer l'alerte aux uns et aux autres de s'échapper subtilement aux devoirs du destin; à la lisière des raz-de-marées, de radioactivité du SS 20 Russe et du Pershing 2 Americain, de la menace constante de la Corée du Nord et de l'Iran, de la Chine, de Cuba, de la Russie etc., en proliférant des armes chimiques et nucléaires.

Depuis l'époque de la traite, la planète, bruyante, subit le caprice intempéré et tempétueux du métissage des races. A l'époque coloniale, nos malheureuses négresses, douces et tentantes, ne passaient pas inaperçues aux yeux avides du maitre, en dépit de l'état dans lequel il les traitait. Du colon au "blanc manan", ce fut une chose facile, de se débarasser du petit "venin d'obsession", la "croix des vivants". Désormais, dans les régistres des pécheurs, s'inscrivit un nouveau rassemblement dans le peuple. Qu'à partir de cette date-là, l'on eut le "populo mixte" des bâtisseurs de démocratie future occidentale. Dirais-je d'après cet aphorisme : "en amour et à la guerre, tous les moyens sont bons". Qui pourait s'empêcher même avec une tête garnie de cheveux blancs, de succomber à l'attraction d'une réalité vive en soi? On est humain, on doit tous subir les mêmes tentations. Dès lors, certains de ce groupe équivoque, évoque le système préjudiciable de leur identification d'origine.

Pour eux, ayant la peau claire, ils se font l'illusion du tyran commun, sans se rappeler que leur papa ou leur maman, provient d'une race d'homme à la peau bronzée.

De nos jours, cette propagande non charitable, ne s'arrête pas. D'autant plus, ce fameux ouragan des préjugés de couleur, fonce à la vitesse de deux cent noeufs, vers les drogués, les intempérés oisifs indomptables de l'an 3000 catastrophique. Or, il est utile de souligner que les moeurs s'infectent, et que l'odeur noséabonde des linges sales, ne devrait pourtant pas chasser l'esprit de fraternité dans la famille. L'unité, avant tout, préfère l'amour à la haine. A chacun, il est notamment bon de savoir, que l'épée parfois est dangéreuse, mais sa blessure incite l'être à la bataille. Elle enseigne aussi à esquiver les mauvais coups. Quant à moi, je soutiens que dans les couches sociales, les déboires, les déceptions, devraient à fortiori, apprendre à tous d'enseigner aux autres la faveur de bien faire par la sympathie et l'enthousiasme. Les noirs qui déclarent que "les blancs doivent être exterminés", n'ont pas peur de la majorité en Amérique; ils sont imprégnés de rancunes, de rage, de racisme. Ils n'ont pas un coeur imperméable, incapable de pardonner leur prochain d'un mal qu'ils croient être pire que la mort. Et les blancs qui répètent les mêmes propos dans leur coeur, et avec leurs lèvres, suscitent des querelles, une guerre de race, sont aussi racistes à en mourir. C'est un sentiment faux, qui égare les gens du chemin de la paix, et à l'amour fraternel que Dieu, le Créateur a permis à tous de jouir dans sa création. Des deux côtés, ces énergumènes doivent être évalués dans des centres psychiatriques, ils ont perdu "une feuille mentale". Ils sont fous, séduits par Satan. Toutes ces déclarations sont la preuve qu'il y a quelque chose qui bout dans la chaudière, et que le racisme n'est pas mort en Amérique et dans le monde. La rancune s'enflamme et dort, pour se réveiller tantôt en sursaut. Qui est le promoteur de ces choses? Satan, l'ennemi de Dieu et de Sa création. Il n'aime pas la paix, il perturbe, et détruit tout ce qu'il peut, afin de nuire à l'homme pour le faire perdre le salut promis par l'Eternel Dieu. Il n'y a pas de l'amour en lui. Il hait, et veut que les hommes se haïssent.

Combien déchirant, penser aux désastres que provoquent toujours le "blanquisme", le "mulâtrisme", et le "noirisme"! Ils s'entredéchirent pour un non-sens! Ces définitions s'apposent comme un sceau sur les parchemins inéffaçables des siècles. Pétrifié par l'oeil hypnotique du monstre sanguinaire des préjugés, ces dénaturés se préoccupent dès leur enfance, instruits ainsi par leurs parents, à voir leur semblable comme un spèctre infrayant dans l'obscurité. La plage, le bureau, la rue, les affaires, sont à nous qui formons la société. Et à cette société entière, le devoir et la chance d'établir l'équilibre incorruptible des peuples. Dans ce cas, la bonté fraternelle, à priori, est synonyme de bonheur parfait. Faites une fois de plus appel à la vertu qui, chez le roi Salomon, a surpassé tous les éclats du monde, à embellir la nature, et l'âme de plus d'un. Et ceux qui vivaient autour de lui, furent pleins de joie, de la bonne humeur, accomplissant l'oeuvre du bon samaritain à tous, sans distinction aucune de provenance et de race.

A l'avantage de la société, en dépit des preuves de valeur, de fraternité, de l'union, de certains héros de la race noire: Toussaint, Capois La Mort, Henri Christophe, Dessalines, Pétion, Maurepas etc., il est à notre époque des rumeurs de révendication des droits de l'homme. Elles se sont rendues manifestes, bien avant 1804, surtout à l'époque où ces fameux défenseurs de la liberté sus-cités, ont pu démontrer ce qu'est le prix du courage dans l'héroisme pour cette liberté. Tous les martyrs, ont sacrifié par leur sang-froid inégalable, l'amour de leur famille, la vie courante des compromis, le zèle gourmand des richesses, comme un Martin Luther King, un Toussaint Louverture, un Malcom X, un Nelson Mandéla, un Dessalines etc., pour la sauvegarde de la souveraineté de leur race dans les coins de terre où le Dieu des cieux les a laissés s'éparpiller par le destin. Mais, la pièce que les héros de 1804 ont présenté, ne s'est jamais renouvelée. Elle a une suite de copies, mais pas la même représentation, la même bravoure. Y ajouterais-je, tout ce qui brille n'est pas lumière, qui se sait détenteur de rien, aux talents est mieux doué. C'est-à-dire, ils n'avaient pas une armée modernement équipée, mais, ce qu'ils avaient tant cherché, ils l'avaient enfin trouvée, la liberté.

Habillés des mêmes particularités d'action, le noir et le blanc, doivent en tout et partout suivre les mêmes règles du pouvoir et du devoir et, en jouir. Pour répéter le Dr Rodolphe Charmand dans son livre intitulé: la vie incroyable d'Alcius, "de nos jours, il faut faire tomber le vieux préjugé, cette vaine prétention qu'il y a des individus supérieurs aux autres. Non, il n'est point entre les hommes de supériorité réelle, puisque l'exclusivité des talents et des aptitudes dans un même individu ne se trouve pas. Ce n'est pas le talent qui est une force, ce n'est pas la science de l'hyppocrisie, pas plus de la beauté, c'est le coeur, le courage, la volonté, la vertu". Voici un homme, non un sous-homme orné de toutes sortes de sentiments élevés, orgueilleux, prétencieux; il a su apprécier les valeurs, non dans les couleurs, l'argent, la position sociale, non dans les apparences, mais dans les grandeurs invisibles et infinies du coeur et des qualités de l'âme; parce que les valeurs, se personnifiant dans l'homme en haillon, s'identifient de par elles-mêmes. "L'habit ne fait pas le moine", disait quelqu'un. Personne n'a créé la nature, on la trouve sur place. Donc, toute âme qui vit en a le même droit. Pourquoi le blanc meurt-il? Il l'aurait empêché s'il le pouvait, mais Dieu prouve, qu'on est tous acculé à la même sentence. L'homme, maître de lui-même, sur les animaux et les choses est placé comme roi; sous le ciel, il sait qu'il est une créature faite à l'image du Créateur.

Et moi, j'en déduis que le mot suprématie a toujours croiffé les doctrines philosophiques des temps. Il est la source d'une haine inutile à éradiquer comme une maladie contagieuse. En l'analysant, il se trouve des synonymes qui laissent entendre qu'il s'agit d'une chose de très grande importance, qui surpasse la valeur d'une autre chose qui est bien sûr comparable à des mots tels que : bas, vil, inférieur etc., Evidemment, notre société se confronte à la réalité d'une guerre froide et silencieuse que suscite cette pensée destructive entre les races d'homme sur la planète. Beaucoup de gens ne veulent pas en discuter. Et si vous ne voulez pas en parler, vous êtes un lâche; c'est un signe que cette idée est réelle autour de vous. Vous en avez peur, vous tremblez comme une feuille de laurier en face de cette atrocité. Le racisme est une lutte muette qui bat son tambour par des gestes qui annoncent qu'il y a quelque chose d'illégal qui se développe en catimini. Presque tout le monde soutient de n'avoir pas entendu ce bruit; mais, le reflet de cette hostilité se voit sur le visage et dans le comportement de plus d'un. Bien des fois, il a fait entendre sa voix méchante qui se moque des gens. Son dart se cache dans un sourire qui n'est autre que de l'hypocrisie. L'essentiel est ce qui se mijote dans le Coeur. Les gens en souffrent d'une manière ou d'une autre. En Haïti, on ne connait pas cette tention. On lit des articles à propos dans des magazines et des journaux. L'Haïtien en a fait connaissance, lorsqu'il foule le sol des terres étrangères. Pourquoi cette haine reste t-elle sous la cendre en gardant sa chaleur qui semble être presque éteinte, dans des relations humaines, et leur centre de communication? Posez-vous cette question. Pourquoi est-il obligatoire de mourir tous sans distinction? Aujourd'hui est le mien, demain est votre tour. Si vraiment quelqu'un est supérieur aux autres, il aurait dû l'éviter.

La raison est simple, je veux la répéter souvent. Les ancêtres des noirs étaient arrachés de force des côtes de l'Afrique. Mis en esclavage dans le nouveau monde, ils ont passé des centaines d'années dans cette condition. Réduits, physiquement, et moralement à un niveau comparable à une boite de détritus, ils ont été abusés sur toutes les formes. La race noire avait perdu ainsi toute sa valeur, toute sa chance d'être considérée comme des gens qui sont égaux au reste des hommes, capable d'aimer, vivre dans la dignité et le respect; capable de raisonner, quelqu'un qui peut étudier son environnement, produire et réagir, distinguer le bien du mal. Elle était soumise par la force, toujours au garde à vue, à devenir une bête de somme.

A regarder un noir se mouvementer tout autour de la plantation, la race blanche a défini publiquement, qu'il appartient à une race inférieure à la sienne. Et cette déclaration philosophique, devint le liet-motive qui le qualifie d'être l'acteur principal de tout ce qui est mauvais et répréhensible. Les blancs enseignent cette doctrine à leurs enfants, et aux enfants de leurs enfants. Ce sceau depuis, est apposé sur sa peau comme une sorte d'identification où il va, comme un objet de mépris. Il est condamnable même s'il n'a rien fait de mal. Il est quand bien même coupable à première vue, même s'il est innocent.

Le plus grand secret qui bouleverse les blancs, c'est qu'ils ont peur des réprésailles, s'il y a union entre les noirs. C'est ce que leur intestin (noirs) ne tolère pas. Leur plus grand mal, c'est qu'ils ne s'unissent pas. Les blancs pensent que, s'ils parviennent à s'unir, ils seront résistants, puissants, imposants, résolus, et peuvent accomplir n'importe quoi. Et pourtant, ils se trompent. Les noirs ne haïssent pas les blancs. Ils consentent que tous les hommes ont la légitimité naturelle d'exister. C'est pourquoi ils sont à la défensive, dès le premier jour qu'ils étaient mis en esclavage. Ils savent qu'il y a quelqu'un qui veut leur faire du mal, leur priver de leur droit d'être libres, d'avoir une famille et vivre dans la paix.

N'importe où le blanc le rencontre, chez le médecin, dans un lieu public quelconque, dans une rue, dans un coin du magasin etc., la première chose qui lui monte à la tête, ce sont des points d'exclamation qui se ponctuent sur son visage. On dirait qu'il a peur que quelque chose de mal lui arrive. Il ne voulait pas faire cette rencontre. Laissez-moi vous assurer que le noir aussi a une idée presque analogue. Mais il ne pense rien contre une race quelconque. Il sait qu'il peut être attaqué par quelqu'un de sa propre race, ou par n'importe qui d'autre. Le blanc dirait, voici un révolté, un insurgé; c'est un adversaire, un rebel, un criminel, parce qu'il refuse d'être un serviteur comme mon chien. Et lui qui l'aime, recule et le laisse la voix libre. Qu'il passe tranquillement. Dans ce cas, les chiens avaient un meilleur traitement que les esclaves, parce que les blancs aiment les caresser, les baiser sur les lèvres en public comme s'ils étaient des humains. Il y en a qui sont très gentils (blancs), tandis que d'autres ont un regard méfiant et dur. Je sais ce que je dis. J'ai été victime à plusieurs reprises.

Il est prudent de se méfier des gens, car le monde est fragile. Mais, faut-il aussi penser qu'il y a des gens de bien des deux côtés du fleuve, et des mauvaises personnes qui font pitié de voir par leur comportement. Si quelqu'un a une fois mal agi, cela ne signifie pas que tous les autres ont reçu cette éducation chez-eux. Point du tout. Au cours des années écoulées, quelque chose d'extraordinaire arrivait. C'était d'une importance capitale; la marche d'un million de noirs organisée à Washington DC. Ils venaient de partout dans le pays, prouver qu'ils sont des citoyens paisibles, civilisés, qui honorent leur culture, leur patriotisme. Je m'attends jusqu'ici à voir se reproduire de tel événement, mais tout est tombé à l'eau, dans le silence absolu. Les blancs ont peur de cette union, c'est pourquoi ils ont comploté et assassiné tous les conducteurs noirs.

Je pense que si le Dr Martin Luther King vivaient encore, je crois qu'il aurait voulu rassembler à un point de ralliement tous les nègres de l'Amérique du Nord et les blancs de bonne volonté, pour commémorer le jour où il a commencé ce movement des droits civiles qui a transformé les gens en quelque chose de très remarquable et miraculeux; en dépit des imperfections, la réconciliation des races d'homme a fait un grand pas. Il aurait consenti de lever cette trophée jusque dans les nuages, pour fêter la paix et le progrès, au nom de tous les noirs et de tous les blancs sans distinction.

Il n'y a pas longtemps, j'ai entendu quelq'un raconter une historiette à la radio. Il disait, qu'il y avait un type qui était né dans un quartier noir. Il avait grandi avec tous les jeunes de ce quartier. Ils allaient à l'école ensemble; ils mangeaient ensemble, ils faisaient tout ensemble. Ils prenaient le bus ensemble. Ils s'habillaient tous de la même façon. Ils s'aimaient les uns les autres, et semblaient être satisfaits de leur comportement. Un jour, ce type entrait quelque part, où quelqu'un l'avait convaincu qu'il était de race blanche; et toute sa vie, il avait vécu avec ses amis noirs comme s'il était un noir lui-même; en adoptant toutes leurs coutumes, leurs principes. Tout-à-coup, quelque chose arrivait. D'habitude, en prenant le bus, il s'asseyait par derrière en compagnie de ses amis dans la queue du bus. Et quelqu'un lui demandait, et quand vos amis n'y étaient pas, vous vous asseoyez par derrière? Il répondait, je m'asseyais carrément au premier rang. Une première fois, une seconde fois, personne ne me grondait, je m'en suis convaincu. Voyez-vous! Et tout le monde se mettait à rire. C'est normal, il réclamait son droit.,

En tuant le berger, les brebis sont dispersées. Et pourtant, en le tuant, ils arrangent la chose. Ils confirment par leurs actions, qu'il y eut un complot. Même si les vrais coupables restent au large, impunis parce qu'ils sont des hommes puissants; leur jugement est dans la paume de la main de Dieu qui ne les laissera jamais s'échapper dans son tribunal. Ces victimes étaient pour la paix, non pour la guerre. Ils voulaient simplement que leurs droits fussent respectés.

Un soir, je passais en face d'une église qui chantait un choeur évangélique. Il est vrai que j'étais fatigué, mais, je me suis dit, je dois y entrer, je veux adorer mon Seigneur qui m'a accordé douze heures de temps de durs labeurs au cours de ce jour-là. En face de la porte d'entrée, il y avait des diacres qui accueillaient les gens qui arrivaient. Ils prennaient tous les gens de race blanche comme eux et les plaçaient quelque part dans l'église. Tandis que moi qui suis noir, je restais debout pendant plus de quarante cinq minutes sans que personne ne me demandait ce que je voulais. Le Pasteur qui allait prêcher, s'asseyait sur la chaire, il avait tout vu. Il envoyait quelqu'un me demander mon adresse et mon nom. Le type me demandait d'où je venais, si j'étais chrétien? J'ai répondu que je suis d'Haiti, je suis un prédicateur de l'évangile. Sur ce, j'entrais et m'asseyais dans la dernière rangée des bancs. Ce soir-là, ce Pasteur prêchait sur Lazarre et l'homme riche. Il avait mis de l'accent sur quelque chose de particulier. Il disait: "Jésus-christ n'est pas mort seulement pour les blancs, il est mort pour les noirs et tous les peuples de la terre aussi. Lorsque nous arrivons dans le ciel, il n'y aura pas un rassemblement de saints blancs à part et un autre rassemblement pour les noirs. Non! Tout le monde, tous les croyants enlevés seront ensemble, un seul corps, un seul Dieu, une seule église, un seul salut pour tous". Et j'ai poussé un cri à haute voix AMEN!!! dans le temple. Je me suis senti soulagé par sa prédication. Voyez-vous! Cette guerre froide raciale et mondiale est trainée jusque dans l'église où les gens devraient être à leur aise d'adorer Dieu. Ce n'était qu'un exemple.

Un matin, j'entrais dans un grand magasin pour acheter une paire de soulier. Il était huit heures et trente minutes du matin. A l'intérieur, il n'y avait que des blancs. Lorsque j'entrais, je me mettais à chercher ce que je voulais comme tous les clients. J'étais le seul noir à l'intérieur. Ce que je remarquais, et qui m'avait surpris, était, partout où j'allais, il y avait deux hommes en uniforme, des agents de sécurité qui me suivaient avec leur walkie-talkie en main. Pour éviter tout soupçon de ma part, ils se cachaient derrière des boites et des objets pour me suivre. Je ne m'en occupais pas. Je faisais semblant de ne pas les voir. Pendant que j'étais en train de mesurer deux paires de souliers, quelque chose attirait mon regard. Deux jeunes garçons blancs se déshabillaient rapidement dans un coin, faisaient semblant de mesurer des costumes et des souliers. Ils enlevaient les tickets etc., et sortaient sans que personne ne se soupçonnait de rien. Tandis que les agents de sécurité se concentraient sur moi qui ne suis pas un voleur, parce que je suis noir. Et je suis certain que ces mêmes types faisaient ce va-et-vient à plusieurs reprises dans ce magasin. Quelle stupidité!

Une fois encore, à Jacksonville Florida, je voulais couper mes cheveux. Il y avait un salon de croiffure au coin de la rue. J'y entrais et m'assayais. Je ne comprenais pas, il y avait un silence complet; puis, tout le monde se mettait à rire, et adoptait une position très cynique. Ils étaient tous des gens de race blanche. Je sais qu'un salon de croiffure est un lieu public, tout le monde peut y entrer, se raser, avoir un bon style. Une idée me contreignait de tourner la tête; en le faisant, un blanc qui était en face, me faisait signe de la main. Je me demandait de quoi s'agit-il? Avant de sortir, je disais à l'un des croiffeurs, que je vais revenir, de conserver ma place. Il me mesurait de haut en bas, et révélait ce qu'il tramait dans son Coeur. De quelle place parlez-vous? Ne comprenez-vous pas que ce salon est uniquement réservé pour les blancs, non pour des nègres comme vous. Je restais figé sur place, j'étais surpris. J'avais lu dans des revues et entendu parler de ces sortes de déclarations racistes, mais ce jour-là, je me trouvais en face d'une fournaise ardente identique.

En allant vers l'homme qui m'appelait, j'étais inquiet. Il me rassurait de n'avoir pas peur de lui. Il entrait dans sa boutique avec moi. Il me racontait qu'il me faisait signe de la main pour me sauver la vie. Ces gars-là sont très hostiles aux noirs, ils pouvaient vous faire du mal. La prochaine fois, avant d'entrer dans un salon de croiffure, il vous faut être prudent, voir des noirs à l'intérieur.

*****

Jean-Pierre habitait dans un champ de plantation en Alabama. En sortant d'un grand magasin, il rencontrait un couple d'âge moyen qui s'apprêtait à entrer. En le voyant, il reculait et le regardait drôlement. Comme il devait attendre quelqu'un, il se postait juste en face de la porte d'entrée et attendait. En sortant quelque minutes plus tard, le même couple disait stupéfait: "encore le nègre". Il souriait en l'entendant. Il connaissait leur sorte de mentalité. Plus tard, en traversant une longue route en terre battue, il remarquait une vieille Ford au bord de la route. Il s'arrêtait un instant, et demandait aux gens qui s'y assayaient, quel était leur problème? Il était surpris de reconnaitre le même couple qui le méprisait. Ils avaient naturellement peur de lui. Il leur rassurait qu'il était un chrétien et un mécanicien, il pouvait les aider. Et dans dix minutes, leur voiture était prête à démarrer. Ils le remerciaient et partaient à vive allure. Un jour, Jean-Pierre ne s'y attendait pas. Une amie l'invitait à aller à l'église avec elle, en sa compagnie. Lorsque l'adoration est terminée, le même couple, qui depuis, était converti, se présentait à eux pour les saluer et les remercier. Dès lors, ils devenaient de très bons amis.

Dans le but de mieux disperser la bande des moutons, ils ont créé la drogue qui est un appât mortel, qui est l'un des instruments qui sont utilisés pour corrompre, briser les murs de cette unité. Pourquoi sont-ils en majorité dans les prisons? Les blancs répondraient qu'il y a plusieurs facteurs qui les condamnent. Ces facteurs, messieurs, sont-ils aussi applicables pour les blancs? Lorsqu'on est blanc, on est privilégié. On le sait bien. Même si on est le plus grand criminel, on est protégé par la société. On a tendance de vous relâcher des étreintes de la geôle comme un Barabas, contre Jésus. Ce Jésus n'a rien fait de mal, que de prononcer la vérité que ses adversaires ne supportaient pas.. Il ne faisait que du bien pour le peuple qui réclamait sa tête. Il leur donnait à manger. Il guérissait les malades, soulageait les affligés. Il ressucitait les morts, et rien d'autre.

C'est un système. Même si le noir est compétent, et a un bon Coeur, le blanc ne se fie pas à lui. Il le déteste sans raison. Son intégrité ne suffit pas. Il l'appelle "nigger", nègre. La seule chose que je sais, on est tous frères. On vient tous d'une seule maman, Eve. Cette guerre est inutile, et cause des frustrations. L'important est la paix qui n'est autre, l'amour du prochain.

*****

Vous arrive-t-il de vous demander, s'il existe encore des preuves palpables de préjudgé, des traces du régime arbitraire esclavagiste du 16ème au 19ème siècle? Dans notre temps, une foule compacte s'apprête à voir luire la première aube de l'an 3000. Elle ignore complètement qu'elle vit à l'heure des explosions 3000, qui, d'une manière fortuite, peuvent faire disparaitre le système de ce monde. Dans les taudis, dans les plaines comme dans les montagnes, dans les villas comme dans les belles cités, s'échangent des points de vues chauds de l'allure intolérante de la condition de l'homme. Les campagnards, les citadins, sont indécis au défit effroyable qui est suspendu comme l'épée de Damoclès au-dessus de la tête de tous, par les menaces nuccléaires, les crimes et le chômage. Dans les milieux du tiers monde, des millions de bouches se dessèchent par la faim; des millions de gens se débattent par prestige dans l'entornoir, à bousculer la crasse, la misère, vers une porte ouverte sur le réalisme et le développement.

Dans l'espace compris entre la période d'après guerre à nos jours, il est vrai que l'homme a fait des progrès mais, ceux-ci ne parviennent pas à détruire le venin des deux premières guerres mondiales; ce qui soudainement, causera la ruine qui surviendra: le péché pour l'oeil spirituel, et le germe subtil, croissant de la servitude pour le profane. Dans la mesure du possible, la domesticité sous toutes ses formes, colonisation, brutalité, esclavage, n'évoque-t-elle pas la stabilité d'un brin d'herbe de jadis dans les paupières de cette histoire? La pièce de Maurice Sixto, "Ti Saintanise", ne libère-t-elle pas le secret imperceptible de cette propagande navrante, triste? Chaque maison, et chaque foyer, peuvent servir d'exemple dans un petit cercle; comment la servitude continue de semer de la terreur, d'humilier, et peiner les gens qui tombent encore, à cause des circonstances de la vie, dans ce piège.

Si une "bonne" (servante), ou un enfant s'inscrit dans cette carrière, son entretien et sa réputation ne sont pas supérieurs à celle de l'âne du maître, de l'esclave de la petite habitation du petit blanc. D'habitude, la petite Saintanise se lève obligatoirement à quatre heures du matin, tandis que la maitresse de la maison à neuf heures. Tout le monde va au lit au plus tard à dix heures du soir, tandis qu'elle surveille la maison ou quelque chose sur le feu jusqu'à une heure du matin. Tout le monde prend un bon et copieux repas, tandis qu'elle n'a eu que le ramassi et les os. Tous les enfants s'habillent coquettement, elle se promène avec une "pantoufle dépareillée", une robe trop sucrée, "madame longém-sa" (madame donne-moi cela). Elle, avec ses pattes blanches, venait de préparer le délicieux diner des "invités de marque", s'installant aisément à côté de la table, tandis qu'elle, le cordon bleu, regagne un coin dans la cuisine, sans même pouvoir s'asseoir. Alors, la gloire revient à la maîtresse de la maison qui avait tout préparé! Sans savoir, qu'elle ne peut même pas "cuire" une "graine de banane", ni même pouvoir la toucher avec ses "ongles peinturées". Si l'employé par mégarde, s'était trompé de casier pour le classement de ses régistres; s'il est en retard un jour, il embrasse quand bien même comme les élèves des classes primaires et secondaires, une volée de propos sales vexatoires du patron. Si le type laboure le champ, nettoie bien les fleurs, entretient bien les murs et les toilettes, trois ou quatre mois s'écoulent sans qu'il puisse empocher son petit salaire. N'est-ce pas là ce que l'homme libre répugne?

*****

IRRUPTION DE DEUX RÉVOLUTIONS IMPORTANTES EN AMÉRIQUE -

ET CELLE DE 1789 EN FRANCE.

Un coin dans l'histoire nous rapporte que depuis 1503, après la découverte de l'Amérique, il convient de signaler la malheureuse intervention des Européens en Afrique, exerçant par belligérance, la capture de la bête de somme, le noir à distribuer du Nord au Sud, de l'Est à l'Ouest de la couveuse des générations de nègres, la poule aux oeufs d'or, l'Amérique.

A l'époque, la culture du coton, du tabac, du sisal (pitre), du cacao, de la canne-à-sucre, s'étendaient aux quatre coins du continent. Les colons s'y établissaient par millier et, les malheureux esclaves se vendaient comme de la patate au marché. Les trafiquants de drogue d'aujourd'hui, vus sous un même angle par le réel loyaliste, faisaient de la bonne mine, à cause de la robustesse de leur marchandise. Ils étaient traités comme des animaux, et avaient peu de chance de survivre chez les colons instables et sauvages.

Or, il est bon de ruminer minutieusement en bref, ce qui s'est passé réellement sur la carte géographique. Les années ont fui si vite, bénéficiaires, les tyrants ont bu de l'eau du l'éthé, ils ne se souviennent pas des afflictions que les nègres de Saint-Domingue ont enduré dans les travaux forcés, pour payer avec leur sang, leur sueur, leur courage, la liberté des peuples de toute part, qui jouissent aujourd'hui, les prérogatives de l'esprit démocratique qui illumine le monde. Ils ont ainsi franchi la porte d'acier de la geôle infernale, où ils étaient (peuples) aussi incarcérées.

A cet effet, trois grands movements ont brusquemment étonné le monde. Ce furent la Révolution Nord Américaine, la Révolution Française, et la Révolution Haïtienne. Tous les trois ont une même liaison, une même époque, une même base, et le même but, la liberté. Ce qui résume que, les abusés, quelque furent leurs couleurs, leur origine, munis d'une âme, un corps dans lequel circule du sang comme tous les humains, ils ne pouvaient supporter une seconde de plus dans leur condition, sous la pression de leurs oppresseurs. En l'occurrence, l'Amérique du Nord, en prise avec les tentacules de la pieuvre Anglaise, les Français retenus sous les pattes du monstre local, avaient grand besoin de s'affranchir de leur étreinte, leur marasme socio- politique et économique.

N'oubliez jamais, qu'il y a des secrets dans les secrets; des secrets dans le positif, et des secrets dans le négatif. La guerre de sept ans qui durait de 1756 à 1763 éclattait orageusement sur tout le globe terrestre. Elle opposait la Pruce, la Grande-Bretagne à l'Autriche, la Saxe, la France, la Russie, et l'Espagne. C'était un vrai bain de sang qui occasionnait que, un million trois-cent mille personnes, ont perdu leur vie. Ce conflit coûtait une fortune aux antagonists. Soit plus de soixante-quinze million de livres aux Anglais, plus de 2.37 milliards de livres aux Français. La Grande-Bretagne profitait de ses colonies pour payer ces dettes, en imposant des taxes, plus particulièrement, celles qui concernaient le commerce du thé. Malheureusement, c'était l'une des causes qui provoquaient la guerre de l'indépendance Nord Américaine. Donc, elle opposaient les colons de l'Amérique du Nord à la Grande-Bretagne. Elle durait de 1775 à 1783.

Après la guerre de sept ans, vaincue, l'armée Française continuait son trajectoire en exploitant impitoyablement ses colonies Caraïbéennes, plus particulièrement, celle de Saint-omingue qui était la plus riche. Après avoir connu cette défaite morale, aigris, les généraux Français tels que, Lafayette, Rochambeau etc., débarquaient en Amérique du Nord, dans le but d'aider George Washington d'organiser son armée contre l'Angleterre. Ils fournissaient des matériels, tels que des munitions, des tentes, des chaussures, des fusils, de la nourriture, aux insurgés. Ainsi, l'aide Française navale et terrestre, et le soutien de ses alliés, poussaient l'armée Américaine à la victoire. Cette armée, par vents et marrées, luttait jusqu'au sang contre son rival qui, à la fin, était vaincue. Cette révolution avait désormais, exterminé l'orgueil des Anglais, et ruiné entièrement leurs ambitions.

Pendant ce temps, les noirs à Saint-Domingue, se consacraient forcément à planter de la canne-à-sucre, du café, du cacao dans toutes les plaines et montagnes du pays. Le commerce du sucre, du café, du cacao, du coton, de la pitre, était prospère; il se répandait dans tous les coins du monde. La France, étant bénéficiaire, en profitait. Elle en faisait des fortunes.

Ces trésors rassemblés grâce à la sueur du front des nègres en esclavage sur la terre Saint-Domingoise, était dépensés par ces généraux, dans la guerre de sept ans, et en armant, en fortifiant l'armée révolutionaire Nord Américaine. Que d'importance ces esclaves et leurs descendants auraient dû avoir dans l'histoire de certains pays aujourd'hui! Ils trouvent pourtant une gloire de dresser des ambargos sur ambargo contre la République d'Haïti. Ils trouvent pourtant une gloire en informant dans leurs journaux, dans leurs médias, que Haïti est le pays le plus pauvre de l'hémisphère Ouest. Quelle ingratitude!!! Tandisqu'ils exploitent en catimini ses resources minières qui valent des sommes monstrueuses. Enfin, la France se vengeait de son antagoniste.

Du coup, puisque le souverain Français devait régler cette affaire d'endettement, celle de rebatir sa marine, la carence d'argent qui paralysait ses démarches, les doléances du peuple, tous ces points chauds, mal perçus par la population, provoquaient du mécontentement. Le volcan a fait irruption, la Révolution de 1789 a eu lieu.

Après ces deux révolutions, naturellement, les esclaves de Saint-Domingue qui ont tout élaboré, ont vécu évidemment dans des situations inhumaines. Ils ne gagnaient rien des profits de cette production, en plus neuf cent d'entre eux ont participé dans la guerre de l'indépendance Américaine; comment penseriez-vous qu'ils ne se révolteraient pas eux aussi? Ils s'armaient et se révoltaient contre leurs maîtres qu'ils chassaient hors du territoire, et proclamaient leur indépendance.

Donc, trois grands soulèvements ont changé le visage du monde à jamais. Et la politique a connu depuis, une autre allure. Haïti fut l'axe qui a fait tourner cette nouvelle sphère, à cause des vertus naturelles qui s'y trouvaient, et à cause des efforts extraordinaires des esclaves. Qu'on le veuille ou non, ils sont les créateurs des grandes transformations qui ont inventé une nouvelle ère, et les changements du monde dit civilisé. A cause de tout cela, les Haïtiens méritent du respect. A cause de leur bravoure; ils aidaient les Etats-Unis dans leur bataille de l'indépendance avec 900 soldats. Et par leur dur labeur en esclavage, ils ont fourni aux Français des sommes monstrueuses d'argent, afin d'armer, de nourrir, de vêtir, de pourvoir des chaussures et des tentes à leur armée. Ils n'en ont jamais parlé au public.

En 1786, le président George Washington des E. U. A.,souhaitait voir abolir cette exploitation abusante. Monopolisée du Nord au Sud, de l'Est à l'Ouest, et même dans les Antilles par les pays colonisateurs, cette éclatante idée de Washington n'était qu'une prophétie qui, non seulement chez-lui devait faire son cheminement, mais aussi chez bien d'autres hommes. La sagesse de "Fatra Baton" devait elle aussi surgir, pour le plein rayonnement de l'étendard des noirs. Cette idée, en premier s'est réalisée dans les Antilles, en Haïti à Vertières, par les racines de l'arbre Toussaint Louverturien; dit-il, "en me renversant, on n'a abattu à Saint-Domingue que le tronc de l'arbre de la liberté des noirs; il repoussera par ses racines, parce qu'elles sont profondes et nombreuses".

En 1813, les Etats-Unis remporta une deuxième victoire sur l'Angleterre, en dépit du blocus qu'elle a placé sur l'océan constitué de 150.000 fusillers marins sur 700 bâteaux de guerre. En 1803, le congrès des E. U. A., avait aboli tout commerce d'esclaves avec l'Afrique. Cette loi provoquait des mécontentements des Sudistes contre les Nordistes abolitionistes. Remarquant la défaite des supergrands de l'époque, face aux colonies Angloxaxonnes, les colonisés de l'Amérique du Sud, par Simon Bolivard, Jose de San Martin etc., s'armèrent et luttèrent contre ces convoiteurs-exploiteurs, et acquirent leur indépendance avec le concours de la République d'Haïti.

Aigris, une puissante alliance se contracta par les Européens, contre les colonies indépendantes de l'Amérique Latine, en vue de les rasservir. Vainqueurs, tous ces pays, bien que rassurés par l'opposition Nord Américaine, se fortifiaient de leur propre gré, au cas où il y eut, un surprenant retour de ces inhumains. Constituée d'immigrants et d'esclaves, l'Amérique du Sud, conduite par des inconscients, congénaires aux anciens colonisateurs, ne supprima pas l'esclavage, bien plus l'encouragea. En 1850, les sept huitièmes de la production mondiale de coton provenaient du Sud de l'Amérique. Point n'est besoin de s'étendre sur les avantages qu'offraient le sucre, la pitre (sisal), le tabac etc. En Décembre 1865, le congrès des E. U. A. ratifia le treizième amendement de la constitution Américaine, abolissant l'esclavage.

Si l'on veut savoir comment vivaient la dédaignante société d'alors, il faut d'un front pliant de tendresse et d'amertume, jeter les regards dans notre aujourd'hui et vers l'avenir, qui ne sont que la continuité, sous différentes formes modernes, de l'esprit héréditaire de : mettre en esclavage. Autrefois l'Angleterre avait secoué les treize colonies du pays qui, aujourd'hui est le plus puissant du monde, parce qu'elle était forte, toute puissante, et rivalisait avec ses robustes voisins de la France, l'Espagne, le Portugal etc. Occupée par un mélange d'hommes de l'ancien continent, et du nouveau, elle, l'Amérique, devait héroiquement, en versant son sang, en risquant la vie de sa jeune population pour saisir son indépendance. N'est-ce pas réel qu'elle aussi, était sous les coups de l'oppresseur d'alors? Il a fallu que les débonaires d'Haïti, ouvrissent à tous les insurgés de la grande savane et des forêts, une voie de pénétration, vers la fraternité, l'égalité, et la liberté jusqu'à la consommation des siècles. Même si les nations sont ingrates à votre égard, bravo Haïti! Je suis fier de vous.

L'homme, distancé par ses idéaux de ses semblables, ne se satisfait du reste, de prôner sur la nature, les animaux; pour vaincre le temps, et alléger son coeur, il trouve sa joie en minimisant, en détruisant, en oppressant le genre humain, indifférent à sa bonne manière de voir et de penser. L'oeuvre remarquable du zèle amer de la classe privilégiée du 16ème siècle, projette aujourd'hui ses reflets au miroir fidèle des mêmes moeurs, par l'extention et la multiplication des engins atomiques d'entre les nations du globe. A la vérité, tout le monde se croit être libre, puisque chacun avait acquis au prix de sa vie sa liberté mais, nos concepts différents nous envoient tout droit, suivant la volonté du plus grand que soi, au four invisible et irrésistible d'une imminente colère catastrophique. Bien entendu, la Russie, la Chine, l'Iran, la Corée du Nord, Cuba etc., grimacent et essaient de faire peur au monde par leurs menaces. L'U.R.S.S., expantioniste, se plaçait autrefois à la tête de plus de 51% des pays du globe; soit par la force ou par adoption, il avait acquis ses adeptes. Et ses tendances s'intensifiaient chaque jour, à de nouvelles d'extérités. Il est à noter que la bête grimaçante poura feindre d'être disparue sans laisser de trace aucune au cours des décades mais, ceux qui sont vigilants et intelligents, ne se laisseront pas surprendre par ses tentacules. Les E. U. A., impérialiste, est la plus riche de toutes les nations. Il a été béni au cours des centenaires; animé du même esprit qui fit sculpter le sphinx, ce pays de la femme, pour le Pharaon du 21ème siècle, est la puissance qui veillera à faire obéir les ordres du souverain.

Aujourd'hui encore, la trace du serpent sur le rocher des doctrines esclavagistes, s'exprime à travers l'accomplissement de ce que le livre de l'Apocalypse a projeté de réaliser dans ces derniers temps; l'épuration de la bonne semence, mettre au grenier le bon grain, et réserver la paille pour le feu. Faut-il que viennent à jour tous les desseins de l'Eternel? En effet, "deux forces de mêmes noms se repoussent, deux forces de noms contraires s'attirent". La vie pour la grande famille noire internationale, est ridiculisée dans les couches sociales où la terre, les moeurs, la raison, ont priorité sur l'aventurier irrégulier, fuyant la furie de la bête fauve, les explosions 3000, les conséquences de ses inconséquences. Si l'on va jusqu'à transporter le coeur et l'âme du martyr noir, l'héroisme jusqu'à la mort hurlera: victoire à la liberté, union aux hommes de bonne volonté.

Méchant envers ses frères, l'homme en tout lieu cherche sa protection, son intérêt, peu importe la peine des autres. Bien qu'il y ait des gens à agir humainement par le contraire, le système esclavagiste consiste à malmener, exploiter, et mépriser le plus petit que soi. Chaque fois que cela vous arrive, c'est -à -dire, que vous faites cela à quelqu'un, pensez que vous aviez aussi contribué à cette folie. En d'autres termes, cet ancien proverbe, "la raison du plus fort est toujours la meilleure", trouve son application dans le monde moderne.

C'est pourquoi, je vous assure que, quelque soit le candidat à la présidence, quelque soit le type de gouvernement, quelque soit l'état moral d'un chef d'Etat en Haïti, même s'il veut faire du bien pour la patrie, tant que Haïti n'est pas changée, la corruption viendra vers elle de toute manière. C'est un cercle vicieux qui fait fonctioner cette machine politique. Et la politique est du diable. Elle n'a pas d'autre nom. Elle (corruption) viendra notamment de l'extérieur, des puissances économiques du monde par des chantages, et des manipulations. Et si ce gouvernement refuse de faire des compromis, il est sujet de subir tous les malheurs du siècle.

Comprenez-le bien. Ce n'est pas Haïti seule qui souffre de la douleur éffrayante de la main mostrueuse qui pèse sur elle; il y en a d'autres pays qui souffrent la même crampe intestinale. Tant qu'on est petit, "la raison du plus fort est toujours la meilleure". C'est pourquoi il y a une raison majeure pour qu'elles (puisances) asphitient les petits comme vous, d'une façon ou d'une autre, vous empêchant d'être sur la liste des pays dévéloppés. A cet effet, le profit reste pour les grands; le regret, toujours est souhaité aux malheureux. Donc, Haïti a eu son indépendance territoriale, sur le plan national. Mais, il lui prendra encore du temps de décrocher l'acte de son indépendance politico-économique qui est toujours minée et dominée par le dictat des forces étrangères à chaque homme d'Etat qui est assis en tête du gouvernement, parce qu'elles ont un intérêt à défendre sur la terre Haitienne; alors qu'elles propagent incessamment, que Haïti est la plus pauvre de l'hémisphère Ouest. En fait, ce qu'elle a besoin, c'est un changement.

Aujourd'hui, il est important de souligner combien des gens de différentes nationalités se rendent dans tous les coins de cette partie de l'Ile, sous le prétexte de vouloir aider à la reconstruire. La réalité est plutôt surprenante du fait que, une fois sur le terrain, quatre-vingt onze pour- cent d'entre eux ne font absolument rien. Ils dissent qu'ils sont disposés d'aider dans cette dite reconstruction; et aucune n'a jamais commencée.

C'est déja, un gaspillage d'argent; alors que le peuple pour lequel cet argent a été recueilli, continue de vivre dans les mêmes conditions. Ce pays n'a aucun signe qui démontre q'il est gouverné par des hommes qui ont le bon sens. Comment expliquez-vous que des individus y viennent de partout sans aucun contrôle. Les services de l'Immigration et le Département de la Santé Publique ne savent pas s'ils sont en bonne santé ou pas. Ils contaminent et tuent par des germes des milliers de personnes. Ils font ce qu'ils veulent, sans que personne ne les surveille. Ils peuvent remplacer le "nègre maron" qui était en face du palais, fabriqué en bronze, par un autre simulaire, fait en fer. Ils vont dans nos forts, voler tous nos canons de bronze et d'autres objets importants du pays, sans que personne n'en tienne compte. C'est en somme, une savane désolée où les lézards de toutes les couleurs grouillent. En agissant ainsi, ils ne veulent pas seulement piller la trésorerie de l'état, mais aussi, se moquer de vous.

Sachons bien, qu'il y a toujours une réalité derrière chaque moquerie qu'on fait sur l'apparence du plus petit que soi. En agissant courageusement, Haïti parviendra à se débarasser de l'étreinte des mauvais sorts et de toutes formes de malédictions capables de détruire sa réputation. Et cette indépendance politique, ou cette autonomie mentionnée plus haut, créera enfin, son acte de naissance économique. A condition de cesser de brûler des cahoutchoucs; d'éliminer la question de "coupé tête, boulé kaille", et d'éviter que le blanc vienne créer des querelles, des division au milieu de vous, car c'est sa mission pour vous garder dans la misère et le sous-développement.

CHAPITRE QUATRE

"NOMADISME"

Nous avons une histoire dans laquelle nous pouvons nous fier et nous référer, parce que nous savons avec assurance que les acteurs sont réels, et les récits vrais, c'est la bible. Dans ce livre, nous avons appris que des gens avaient vécu une vie de nomade, desquels nous allons prendre en passant deux exemples. Nous savons que Abram sortit de Charan pour aller vers Canaan, suivant (Genèse 12: 1-9); il partit ensuite vers l'Egypte pour y séjourner, à cause de la famine (Versets 10-20). De là, il retourne vers Canaan, vers le midi. (Genese 13: 1-18). Ensuite, il s'établit entre Kadès et Schur, vers le midi, à Guérar (Genèse 20: 1-18). En second lieu, nous prenons Jacob qui s'enfuit en Mésopotamie, il partit de Beer-Schéba, et s'en alla à Charan (Genèse 28: 10-22). Il retourne à Canaan (Genèse 31: 1-21). Vous vous rappelez aussi qu'il y avait une famine qui s'appesantissait sur le pays, qui obligea à Jacob d'envoyer ses enfants en Egypte acheter des vivres. Et là, ils rencontrèrent leur frère Joseph (Genèse 32: 1-38, 43: 1-34). Aussi, la nation d'Israel était dispersée dans le monde entier en l'an 70 par le Général Titus; elle est revenue et devenue indépendante en 1948 comme Dieu l'a promis dans (Esaie 14: 1-2, 27: 12-13, Osee 11: 10-11). Elle attend la minute précise de l'apparition de son Joseph, le prophète Jésus-Christ, Celui qui a été mis à mort, percé à la croix du calvaire; Celui qui a versé son sang pur pour le salut de quiconque croit en Lui. Alors, les lamentations commenceront. Et chaque tribu d'Israel pleurera sur Lui comme on pleure sur un fils unique. (Zacharie 12: 10-14).

Donc, Abraham, Jacob etc., tous les descendants des douze tribus d'Israel furent nomades. Par contre, des millénaires plus tard, cet esprit d'aventure dominait l'époque. Il animait d'autres hommes à aller au-delà des événements imprévisibles, découvrir des nouvelles terres, des nouveaux horizons. Dès lors, un programme a commencé. Des aventuriers pleuvaient de partout, en quête de remplir leurs sacs des richesses du nouveau monde. Ils kidnappaient des noirs des côtes de l'Afrique pour aller les vendre comme des marchandises dans les marchés du nouveau monde. Ces malheureux ont fait des expériences tragiques, qui changeaient complètement leur vie, et modifiait leur histoire. Ils étaient dénichés de force pour aller former autour du monde d'autres Afrique-filles, qui inspirent à tous ceux qui possèdent un esprit pur, que les Amériques ne sont peuplées que par des "boat-people" (des gens qui y débarquent de leurs bateaux), et par le va-et-vient des "foot-people" (des gens qui y arrivent en traversant la frontière à pieds) de toutes les couleurs, de quelque soit le titre qu'on puisse les appeler. Les Amériques n'ont pas de propriétaires fixes; elles appartiennent à tous ceux qui, d'un point quelconque du globe, viennent y jeter l'ancre, bâtir leur fort. Et ceux dont les arrières-arrières grand-pères ont trouvé asile sur cette terre, haussent aujourd'hui leur voix qui résonne plus forte, que celle des indigènes contre les nouveaux venus. Si, actuellement, ce continent a des propriétaires légitimes, c'est parce qu'il était dépouillé de ses maîtres originaux, après la découverte. Et du fait que ces nouveaux propriétaires, dès lors, sont sur pieds, juste en train de le défendre comme étant leur propre domaine, contre les fauteurs de trouble, ils en ont droit, parce qu'ils savent, suivant leur charte, ce qui leur est juste et ce qui est bien. Ainsi, ces intrus réduisent au silence les autochtonnes, s'empoignent de ce qui était leur. Ce qui n'était pas du tout beau.

Suivant une revue que j'ai lue assez longtemps, je cite: "des têtes en pierre qui mesurent à peu près de trois mètres de haut, pesant une quarantaine de tonnes, furent découvertes à un endroit appelé "Tres zapotes" au Mexique. Elles étaient sculptées, à ce qu'il parait, à l'époque pré-colombienne, soit au premier millénaire avant notre ère. Elles avaient des caractéristiques négroides: nez épaté, des lèvres larges et volumineuses, des yeux droits. Tout d'elles laissent entendre qu'il y eut une invasion d'Africains en Amérique centrale, des siècles avant Colomb. En l'an 1513, Balboa, un navigateur Portugais remarqua la présence de plusieurs esclaves noirs dans les parages. Bon nombre, selon les chercheurs, ont occupé des positions importantes dans les sociétés pré-colombiennes. Il semble que les tribus de la zone, les avaient réduits en esclavage. Dans les Indes, on avait aussi découvert un grand nombre de noirs dans des champs de travail. A cet effet, on en était sûr, qu'ils avaient débarqué ici en Amérique avant Colomb. On a aussi appris que le roi Aboubakri II du Mali traversa l'Atlantique à la tête de plusieurs bateaux qui arrivèrent à Hispagnola, où les indigènes lui raportèrent que des noirs commercèrent avec eux de plusieurs types de produits"(science et vie, page 84-85).

Puisque la profondeur appelle la profondeur, encore pour un retour d'âge, notre longue vue magique va transporter notre cause et les faits, au jour du grand prophète de feu de la profondeur, pour nous permettre d'observer à travers son oeil, le Nil et ses magiciens qui s'y concurençaient, la fille de Ramsès I au milieu des roseaux du même fleuve. Vous vous rappelez bien, suivant le livre de feu de la Vérité, que les Israelites, conduits divinement, s'enfuirent de l'Egypte sur les ordres de Moïse, le prophète de Dieu. Ils eurent pour phare, une colonne de feu durant la nuit, une colonne de nuée pendant le jour. Sous le nez de Pharaon, par la Puissance Divine, ils observaient les principes des "foot-people" à travers la mer rouge, pour le record de tous les temps, l'odyssée d'un peuple vers le pays où coulent le lait et le miel, le Canaan. Le roi et son armée, par incrédulité, furent engloutis au sein de la mer rouge, et le merveilleux peuple de Moïse sur l'autre rive, contempla la magnificence du Dieu vivant, qui leur rendait ce précieux service d'échapper de justesse, à la gueule du léopard Egyptien. Ils voyagèrent pendant quarante ans dans le désert, où, bon nombre de ceux-là qui échappèrent à la catastrophe périrent en chemin.

De nos jours, cette bouée de sauvetage a fait irruption de part et d'autre vers les pays industrialisés, surtout vers l'Europe, et vers les Etats-unis, l'asile des réfugiés. L'homme, loin de réaliser son rêve, du commencement à la fin, n'a cessé de voyager, de chercher dans la boite de foin, l'anneau d'or qui y est égaré, la perle de grand prix qui manque à son âme. Plus particulièrement, cet exode s'observe dans des pays où sont posés avec une certaine acuité, des problèmes d'ordre économique et politique. Lesquels de nature non identique, affectent la majorité de tous ceux qui, dans un même ordre d'idée, élèvent sans arrêt leur voix, pour réclamer leur droit. Au nom du diable, rien, en ce bas monde n'est bien réparti, et cause çà et là, des troubles violents.

A cet effet, des gens de toutes races, et de toutes cultures, s'efforcent de rentrer en Amérique du Nord, à la recherche d'un mieux être. Il en était de même au XVIIème, XVIIIème, XIXème siècle, à des époques où l'économie de l'Europe rampait sur le ventre, les colons devaient profiter de tous les avantages barbes et moustaches qui leur étaient offerts, dans la traite des noirs, le mercantilisme international, la main d'oeuvre gratuite dans les champs de production, qui leur rapportaient des fortunes, lesquels, leurs descendants jouissent jusqu'à ce jour.

Ce qui est certain, les industriels continuent d'accumuler de l'or aux dépens des malheureux. Ils achètent à un prix dérisoire le matériel et haussent le prix quand ils le vendent. L'ouvrier reçoit son salaire en quelques centimes par heure, et paie en dollar ce même matériel qu'il vient de transformer. Venu d'un pays d'outre-mer, un ingénieur y est bien rémunéré et mieux considéré que ses congénaires qui le supplantent mille et une fois par leur habileté. Les grands propriétaires terriens, n'ont aussi jamais cessé de bousculer leurs semblables en quête d'un mieux être. Ces derniers relativement à l'aise, ont tout à leur avantage: franchise douanière, électricité gratuite, de l'eau à profusion etc. Ils grandissent continuellement leur domaine, acquièrent du pouvoir aux dépens des pauvres, des simples paysans, pour lesquels, ils n'ont aucun égard. Pourquoi? Parce que eux, les plus capables, se sont appropriés leurs terres, leurs fermes, leurs jardins, et même leurs femmes, leurs enfants, ne peuvent se soustraire à leur méchant désir.

Bon nombre d'entre eux, se voient dans l'obligation d'emprunter d'eux de l'argent suivant leur pressant besoin. Incapables de le rembourser, ils doivent pitoyablement leur céder leurs terres, leurs bétails, leurs maisons. Incapables aussi de survivre, ils doivent en dernier recours, travailler sur ces mêmes terres pour un faible salaire. Une fois dépossédés, ils quittent la campagne, envahissent les villes où la vie est pour eux tout à fait précaire. Pour assurer leur subsistance, ils mendient pour ne pas mourir de faim comme plusieurs dans les coins de rue. Mal vus par la plupart des citadins, ils bâtissent des bidonvilles en carton, avec de la boue mêlée à de la paille, pour se préserver du soleil; et quand la pluie vient, ils s'enfuient.

Emues, des organisations internationales, aident certains gouvernements du tiers monde, à la réhabilitation de ces couches sociales défavorisées, par des programmes d'aides humanitaires. Et même là, la majeure partie du temps, ces gens n'en ont jamais entendu parler; sinon qu'ils n'ont jamais été bénéficiaires, pas même une seule fois, de ces dons. A cet effet, on remarque que plusieurs pays du tiers monde, sont gouvernés par des hommes plus ou moins progressistes, tandis que d'autres, à l'insu des gouvernés, sont infestés de gens propres à détourner le pain du malheureux et les fonds de la caisse populaire. Des fortes sommes d'argent sont versées par des pays-patrons mais, le train conserve toujours la même allure. En continuant de donner ces fonds à des hommes d'Etat déguisés en des gens responsables et soucieux, vous les fournisseurs, vous rendez aussi coupables de tromperie, de vol, vis-à-vis du peuple, sur le dos duquel, et dans l'absence duquel, ils font ces transactions, non à votre insu. Donc, si vous savez à l'avance ce dont ils sont capables, et que néanmoins, vous leur confiez le pain des pauvres, c'est que logiquement, vous faites aussi partie de la bande des voleurs en dessous de la table. Autrement dit, vous auriez dû considérer d'autres options, pour que, justice soit faite, et que le peuple en soit bénéficiaire. Ce serait donc, une sorte de complot national et international contre un peuple. C'est évident, et indiscutable.

Donc, ces vagues chargées de miasmes de la fonction publique, ont toujours donné naissance à des boulversements, à des partis politiques soucieux, à divers groupes réactionaires opportunistes. Or, le manque de ressources, l'exploitation, les détournements de fonds, la politique, le manque de logement, le manque de travail, le pain quotidien, la guerre, la persécution, les crimes organisés, le terrorisme, les violes, la drogue que consument les jeunes, l'exécution en masse, à sang froid d'innocentes victimes, des enfants à bas âge, des familles entières etc., sans jugement aucun, parfois à cause d'une idéologie quelconque, en défendant des millions de dollars à empocher, jette un voile sombre sur le tableau de jeu des pays pauvres, et de ceux qui sont en voie de développement. Ce sont là quelques unes des causes qui propulsent la pauvreté, l'acroissement du "boat-people et du "foot-peuple" volontaire actuel, là où la terre parait plus ferme, et le ciel plus clément. Parce que des gouvernements ne se soucient pas de pourvoir aux besoins des leurs, même quand ils trouvent un moyen de les aider; ils pensent plutôt d'assurer leur poche, au lieu d'intervenir en leur faveur.

Evidemment, pour échapper à de telles épreuves, les gens de differentes nations se réfugient là où ils se sentent en sécurité. Le problème est que, la majorité des citoyens qui les voit s'évoluer sur leur territoire, étant eux-mêmes aussi des anciens immigrants, réclament la tête de ces nouveaux venus, par égoisme et par discrimination. Je suis d'accord qu'on refoule tous ceux qui ne veulent pas travailler et payer leurs taxes; tous ceux qui s'amusent à commettre des délits, des crimes; mais à tous ceux qui se respectent et qui contribuent à l'économie, ils méritent du respect et de l'approbation. Puisque, nous sommes tous, indistinctement, des immigrants, si, de nos jours, les immigrants ne sont pas bien reçus comme autrefois, si la justice les foue avec rage à la porte, c'est que, quelque chose ne va pas dans la nature. Cette nature est habillée d'une toge mise à l'envers. C'est un signe qui prouve que la DEMOCRATIE est à son terme. Le cynisme, et la dictature sont à la mode dans nos Etats. Nous sommes en guerre avec nous-mêmes par ignorance. Une guerre de confusion. Nous apprécions souvent ceux qui nous font des compliments, mais, nous n' avons pas le courage d'accepter le goût amer des réprimandes et des critiques. Celui qui ne se laisse pas avertir est un aveugle, un lâche, un idiot, un imprudent, un insolent. Il se peut que l'air soit déja pollué par la chaleur anonciatrice d'une dictature féroce à venir. A prendre ou à laisser. Cela se comprend dans nos comportements de gens civilisés qui s'endurcissent, en optant et en faisant appliquer nos lois sans les peser dans une balance; nous nous divisons en deux camps hostiles qui témoignent que nous ne travaillons pas dans les intérêts de tous, mais dans ceux d'un groupe spécifique. C'est-à-dire, si vous êtes dans mon camp, vous avez pour devoir de défendre uniquement et obligatoirement les intérêts de ce camp, et non ceux de la majorité. C'est un non-sens, nous ne sommes pas des ennemis; nous avons le même but, et défendons tous la même cause. Je répète, cette terre qui revêt sa perruque blanche lorsqu'elle pleure en hivers, brûle lorsque l'été arrive, est fragile. Elle est une autre sphère dans notre globe terrestre, parce qu'elle renferme des gens provenant de toutes les nations de la terre. C'est ce qui fait la différence, et montre son importance, sa grandeur, son respect dans le monde, parce q'elle reçoit des immigrants chez-elle. Si vous, Monsieur le Législateur, fermez cette porte, et tirez les rideaux, tout est foutu.

DEUXIÈME PARTIE

CHAPITRE CINQ

DU POINT DE VUE RELIGIEUSE
CHUTE DES POUVOIRS
BABYLONE ET LA STATUE

"Toute la terre avait une seule langue et les mêmes mots. Comme ils étaient partis de l'Orient, ils trouvèrent une plaine au pays de Schinéar, et ils y habitèrent" (Genèse 11: 1-2). Le monde en ce temps-là, s'exprima dans une même langue et les mêmes mots. Que c'était beau et magnifique! Ces gens-là voyagèrent ensemble, trouvèrent la plaine de Schinéar, et s'y établirent. Tout-à-coup, un projet extraordinaire vint à leur esprit. "Ils firent des briques, et à l'aide du bitume qui leur servit de ciment, ils commencèrent à construire une ville et une tour dont le sommet touchera au ciel; et voulurent se donner un nom afin de pouvoir s'identifier à ce nom. L'Eternel descendit des cieux pour voir la ville et la tour que bâtirent les fils des hommes. A l'Eternel, ce projet ne plut pas. C'est pour cela, eux qui furent un seul peuple, ayant eu une même langue, furent dispersés loin de là sur la face de toute la terre par l'Eternel, en confondant leur langage. Et ils cessèrent de bâtir la ville. C'est pourquoi on l'appela du nom de Babel, car c'est là que l'Eternel confondit le langage de toute la terre, et c'est là que l'Eternel les dispersa sur la face de toute la terre" (Genèse 11: 1-9).

Après des années, la terre se pollua par le péché, et l'Eternel la détruisit par le déluge; duquel s'échappèrent le prophète Noé et sa famille, c'est-à-dire huit personnes qui crurent au message de l'Eternel qui servit d'échappatoire au prophète et à sa famille, parce qu'ils crurent et y obéirent. Qu'est ce que le péché? Le péché est l'incrédulité à la Parole de Dieu. Si vous n'obéissez pas à la Parole de Dieu, c'est que vous la rejetez. C'est pourquoi la terre passa par un baptême d'eau qui tua les incrédules, sauf la famille de Noé qui se soumit totalement à la Parole de Dieu Le Créateur.

Encore, à cause du péché, la terre va expérimenter bientôt, un baptême de feu, pour sa sanctification. La croute terrestre, à des centaines de mètres en-dessous, va sautter en éclats; la mer, le péché, la politique, les maladies, les germes, la haine, disparaitront dans l'espace; il se formera la sainte montagne de l'Eternel, sur laquelle habiteront les saints. Le sommet de cette montagne sera croiffé par L'Eternel qui sera le soleil de la justice qui l'éclairera pour l'éternité.

Après le déluge, la terre était peuplée par les postérités des trois fils de Noé: Sem, Cham, et Japhet (Genèse 10 et 11). Petit-fils de Cham, et fils de Cush, Nimrod était le premier politicien de l'époque et du monde, tout comme Cain commit le premier crime du monde; et Babel, le premier grate-ciel du monde. Il régna d'abord sur Babel, Erec, Accad et Calné, au pays de Schinéar. "Babel est le nom d'origine de Babylone.

Il signifie confusion. Cela commença par Cusch, le fils de Cham, mais Babylone devint un royaume de grandeur et de puissance, sous le règne de son fils Nimrod, le puissant chasseur. Nimrod, selon (Genese 11), et aussi d'après l'histoire profane, s'établit pour accomplir trois choses: il voulait bâtir une grande nation – ce qu'il fit. Il voulait propager sa propre religion – ce qu'il fit. Il voulait se faire un nom – ce qu'il réalisa. Ses oeuvres furent tellement monumentales que le royaume de Babylone fut appelé: la tête d'or, parmi tous les gouvernements du monde. La preuve que sa religion obtint la prééminence est donnée par le fait que l'écriture l'identifie complètement avec satan en (Esaie le chapitre 14), en (Apocalypse, chapitre 17 et 18); et par l'histoire, nous pouvons atester qu'elle a envahi le monde entier, et qu'elle est la base de tout système d'idolâtrie, le thème de la mythologie, bien que le nom des dieux diffère selon les religions et les langues des peuples.

Que Nimrod se soit fait un nom pour lui-même et pour ses successeurs, cela va sans dire, car aussi longtemps que durera le présent âge (siècle) (jusqu'à ce que Jésus se révèle Lui-même à ses frères), il sera honoré et adoré, quoique sous un nom différent que celui dans lequel il fut adoré au commencement. Puisque la bible ne traite pas de l'histoire des nations en détail, il sera nécessaire d'étudier les archives paiennes et anciennes pour trouver comment Pergame est devenu le siège de la religion satanique de Babylone. C'est dans les archives Egyptiennes et Grècques que nous épuiserons la majorité de nos informations. La raison en est que les Egyptiens reçurent leur culture des Chaldéens, et que les Grècs la reçurent à leur tour des Egyptiens. Et puisque les prêtres enseignaient les mathématiques et les sciences; et puisque ceci faisait partie de la religion, nous pouvons comprendre pourquoi la religion Babylonienne grandit si vite en Egypte et en Grèce. Il est claire également que si une nation a assez de force pour vaincre une autre, alors la nation vaincue devra adopter la religion du vainqueur. Il est notoire que les Grècs avaient les mêmes signes du Zodiaque que les Babyloniens, et les archives atestent aussi que les Egyptiens ont donné aux Grecs leur connaissance du polythéisme. Ainsi les mystères de Babylone se sont-ils étendus d'une nation à l'autre, jusqu'à apparaitre à Rome, en Chine, en Inde, et même dans les deux Amériques, où nous retrouvons la même base d'adoration. Des historiens tels que Wilkinson et Mallett, s'appuyant sur des documents anciens, ont apporté la preuve qu'au commencement, les peuples de la terre croyaient en un Dieu unique, Suprême, Eternel, invisible – Lequel, par la Parole de sa bouche, amena toutes choses à l'existence, et dont le caractère était aimant, juste et bon. L'histoire ateste que ceux de la tribu de Sem – lesquels restèrent fermement attachés à l'immuable Vérité – s'opposèrent fortement à la tribu de Cham, laquelle était détournée de la vérité pour adopter le mensonge de Satan ...

La déesse-mère originelle de Babylone était Semiramis, nommée Rhéa dans les pays d'Orient. Dans ses bras, elle tenait un fils qui, bien que bébé, était décrit comme étant fort, grand, beau, particulièrement attirant pour les femmes. En (Ezechiel 8 : 14-15), il est appelé Thammus. Les écrivains classiques l'appelaient Bachus. Pour les Babyloniens, il s'appelait Ninus. Ce qui explique le fait qu'il est représenté par un bébé porté dans les bras, et cependant décrit comme un homme grand et fort, connu sous le nom de "Marie-fils". L'un de ses titres était "époux de la mère", et en Inde où les deux sont connus sous le nom de Isis et Iswara, lui (le mari) est représenté comme un bébé au sein de sa propre femme! Que ce Ninus soit le Nimrod de la bible, nous pouvons l'affirmer en comparant l'histoire profane avec la Genèse. Pompée dit: "Ninus, roi d'Assyrie, modifia la manière de vivre modérée d'autrefois en y introduisant la soif de conquête. Il fut le premier à faire la guerre à ses voisins. De l'Assyrie à la Lybie, toutes les nations furent vaincues par lui, car les hommes de ces nations ignoraient l'art de faire la guerre. Diodorus déclare: Ninus est le plus ancien des rois Assyriens mentionés par l'histoire. Etant de tempérament guerrier, il entraina durement ses jeunes hommes, et en fit des combattants; il soumit Babylone, alors qu'il n'y avait pas encore de ville de Babylone".

D'après la bible, le père de Nimrod était Cusch. "Et Cusch engendra Nimrod". Genèse 10: 6. Dans la culture Egyptienne, Bel était appelé Hermès, et

Hermès signifie "fils de Cham". D'après l'histoire, Hermès était le grand prophète de l'idolâtrie. Il était l'interprète des dieux. On l'appelait aussi Mercure (Actes 14: 11-12). Hyginus déclare que ce dieu était connu sous les noms de Bel, Hermès ou Mercure, et ajoute que : "durant de longues années, les hommes vivaient sous le gouvernement de Jupiter (par le Jupiter Romain, puisque le Jéhovah des Hébreux était connu bien avant que les Romains existassent). Les hommes vivaient sans loi, sans ville, et parlaient tous le même langage. Mais, lorsque Mercure (Bel-Hermès) interpreta le langage des hommes (d'où "l'appellation d'hérmeneute" pour interprète), cet individu répartit les nations. Et alors, la discorde commença. L'on peut aussi voir que Bel ou Cusch, le père de Nimrod, était à l'origine le principal conducteur qui éloigna le peuple de Dieu, du vrai Dieu, et qui, en tant "qu'interprète des dieux", les engagea à prendre une autre forme de religion. Il les encouragea à persévérer dans la construction de la tour que son fils bâtissait. Et cet encouragement amena la confusion et la division, ce qui fait qu'il était à la fois "l'interprète" et celui qui créait la confusion". Ainsi Cusch fut le père du système polythéiste, et quand les hommes furent déifiés par les hommes, lui naturellement devint le père des dieux. Or Cusch était appelé Bel, et Bel, en mythologie Romaine, c'est Janus. On le représente comme ayant deux faces, et il porte une massue, avec laquelle il dispersa le peuple.

Ovide écrit que Janus disait de lui-même: "les anciens m'appelaient Chaos". Ainsi, le Cusch de la bible, le rebel qui était à l'origine contre le monothéisme, était appelé Bel, Belus, Hermès, Janus etc. parmi les peuples antiques. Il prétendait interpréter les révélations des dieux aux peuples. Se faisant, il causait la colère de Dieu, qui dispersa les peuples, causant division et confusion. Voyez-vous le thème de la mythologie où les dieux s'identifiaient avec les hommes. C'est de là qu'est issu le culte aux ancêtres ... Quand Babylone tomba aux mains des Mèdes et des Perses, le roi-prêtre Attalus s'enfuit de la ville, et vint demeurer à Pergame avec ses prêtres et ses mystères". (sept âges de l'église W.M.B.)

Des millénaires plus tard, Nébuchadnetsar, roi de Babylone eut un songe; il oublia complètement ce qu'il a vu. Il fit appeler les magiciens, les astrologues, les enchanteurs et les Chaldéens pour qu'ils lui disassent ces songes. "Le roi leur dit: j'ai eu un songe; mon esprit est agité, et je voudrais connaitre ce songe. Les Chaldéens répondirent au roi en langue Araméenne: O roi, vis éternellement! Dis le songe à tes serviteurs, et nous en donnerons l'explication. Le roi reprit la parole et dit aux Chaldéens: la chose m'échappe; les Chaldéens répondirent au roi: il n'est personne sur la terre qui puisse dire ce que demande le roi". "Alors, le secret fut révélé à Daniel dans une vision pendant la nuit. Et Daniel bénit le Dieu des cieux ...

Le roi prit la parole et dit à Daniel, qu'on nommait Beltschatsar: es-tu capable de me faire connaitre le songe et son explication? Daniel répondit en présence du roi et dit: ce que demande le roi est un secret que les sages, les astrologues, les magiciens et les devins ne sont pas capables de découvrir au roi. Mais il y a dans les cieux un Dieu qui révèle les secrets, et qui a fait connaitre au roi Nébucadnetsar ce qui arrivera dans la suite des temps" (Daniel 2: 1-28). En d'autres termes, le Dieu des cieux, le Créateur qui connait toutes choses à l'avance, lui a montré dans ce songe, tout ce qui va arriver; tout le programme de la terre, dès ce temps-là, à travers les âges, jusqu'aujourd'hui l'an 2017 et ainsi de suite.

"O roi, tu regardais, et tu voyais une grande statue; cette statue était immense, et d'une splendeur extraordinaire; elle était debout devant toi, et son aspect était terrible. La tête de cette statue était d'or pur; sa poitrine et ses bras étaient d'argent, son ventre et ses cuisses étaient d'airain; ses jambes, de fer; ses pieds en partie de fer et en partie d'argile (Daniel 2: 31-33)".

"O roi, tu es le roi des rois, car le Dieu des cieux t'a donné l'empire, la puissance, la force et la gloire; Il a remis entre tes mains, en quelque lieu qu'ils habitent, les enfants des hommes, les bêtes des champs et les oiseaux du ciel, et Il t'a fait dominer sur eux tous: c'est toi qui es la tête d'or. Après toi, il s'élevera un autre royaume, moindre que le tien; puis, un troisième royaume, qui sera d'airain, et qui dominera sur toute la terre. Il y aura un quatrième royaume, fort comme du fer; de même que le fer brise et rompt tout, il brisera et rompra tout, comme le fer qui met tout en pièces. Et comme tu as vu les pieds et les orteils en partie d'argile de potier et en partie de fer, ce royaume sera divisé; mais il y aura en lui quelque chose de la force du fer, parce que tu as vu le fer mêlé avec l'argile. Et comme les doigts des pieds étaient en partie de fer et en partie d'argile, ce royaume sera en partie fort et en partie fragile. Tu as vu que le fer mêlé avec l'argile, parce qu'ils se mêleront par des alliances humaines; mais ils ne seront point unis l'un à l'autre, de même que le fer ne s'allient point avec l'argile" (Daniel 2 : 37-43).

La tête d'or représentait Nébucadnetsar, roi de l'empire Babylonien. Après lui devait venir un autre royaume moindre que le sien; et cette dignité a été accordée aux Mèdes par Darius, et aux Perses par Cyrus. Imaginez, comme par hazard, il se peut que ce fut un jour comme celui-ci; peut-être qu'il fut aussi clair qu'une goute de pluie; peut-être, sombre, endeuilli comme celui-là où le rideau des temps a été tiré dans cette immense salle de théatre pour la première fois; le monde entier s'asseyait tranquillement pour contempler avec ses yeux de larmes, des larmes chaudes et salées qui coulaient sur sa joue moite et lisse, en regardant la scène des temps. Elle lui avait, en dépit de la manifestation artistique des acteurs, et celle de la méchanceté des uns et des autres sur le plancher, apporté par son humour, et tantôt par son manque d'humeur, fait sentir des moments de frémissement, à cause de la peine qu'elle éprouvait.

Vraisemblablement, à une certaine étape de son dénouement, il ne pouvait en supporter de ses yeux. La pièce a beau être terrible, des fois comique et terrifiante à la fois. Ce qui est beau, c'est que tout se déroule en sa minute exacte comme s'il y eut depuis toujours une horloge qui règlemente le déliement de cette intrigue dramatique universelle. C'est-à-dire, une certaine main magique, si c'est permis de le dire ainsi, surveille continuellement au tic et au tac de cette gigantesque horloge des temps, à chaque fin de scène sur le plancher. A ce qu'il parrait, ce formidable plancher semble être fléxible et clément sous les pas de certains acteurs qui culbutent en arrière et en avant comme bon leur semble; tandis que le même plancher, semble-t-il, est brûlant sous la plante des pieds des autres.

Certains y laissent leur peau, pendant que bien d'autres se réjouissent de leur succès. Et ce qui est étonnant, c'est que ce même film se termine à un certain moment suivant l'horloge, et recommence à tourner la même pièce sous d'autres formes, une toute autre fois, mais, miraculeusement, avec des équipes nouvelles d'acteurs bien plus actifs et astucieux que les précédents, à chaque période de temps. Par simple curiosité, le public est assis silencieusement pour assister à cette séance, des deux côtés du même écran; il est assez ample et transparent, afin de permettre de voir les mêmes images au cours de chaque séance par les deux audiences; voir se détacher, si vous voulez, un à un, tous les noeuds de cette pièce de théatre, des deux côtés de la grande salle.

Imaginez que des deux côtés de cet écran, il y a une falaise qui sépare les deux audiences, et que chacune de son côté, se demande ce qui se passe là-bas à l'autre bord, et vice versa. L'une s'appelle Est, et l'autre Ouest. Depuis toujours, ils sont ennemis, et ils le jurent pour toujours jusqu'à la consommation des siècles. Imaginez que vous étiez dans l'un d'eux, et qu'à force de regarder, vous vous êtes glissé vers le gouffre, et que par ultime chance, vous vous êtes parvenu à vous agripper à un arbuste au bord de la falaise, et qu'un partenaire vous envoie une corde, et voilà que vous vous en échappez belle. Vous le remerciez et poursuivez votre chemin. Vous avez ainsi la vie sauve, et là, au haut de cette fameuse falaise, vous contemplez à distance l'autre bord, et vous vous faites des idées; des illusions montent dans votre cerveau, et vos yeux voient des choses extraordinaires qui se plaquent juste en face de vous.Vous avez tout de suite l'impression que la nature s'entretient avec vous; elle vous courtise par son doux vent, vous embrasse comme font de vrais amis. Votre Coeur, soudain, se communique avec elle. Vos idées balladent aux alentours; vous convoitez et comparez upso facto l'autre bord à une sorte d'énigme, une sorte de poésie légendaire et fantastique que vous aimeriez un jour toucher avec vos mains, voir avec vos yeux, et avoir en vue, comme votre second écran, cet autre bord qui, alors, vous facine, vous était inconnu, vous flattent l'imagination, votre concept de voir et de comprendre une idéologie qui tord de sens votre logique, et votre esprit ainsi, intente à faire définitivement son portrait. Imaginez que quelqu'un de l'autre côté rêve comme vous, comme un fou, voulant à tout prix posséder votre bord comme sien, et de ne jamais lâcher prise à aucun aventurier autre que lui.

Depuis toujours, rien n'a changé sous le soleil. Comme emporté par le sable des déserts, l'Est a eu des rois puissants et intelligents qui ont pu gouverner le monde d'alors avec tact, et surent mettre un joug solide au cou de leurs ennemis. Les Mèdes et les Perses ont eu l'habilité d'envahir les nations de l'Ouest, les réduire en cendre, les piller, les soumettre à leur volonté. Leurs impressions du passé ont toujours gobé les opinions du présent, afin d'envisager par leur impérialisme, d'assurer un meilleur future et élargir leurs puissantes ailes qui couvraient leurs territoires. Ces vibrations occasionnent que bondissent au coeur de toutes leurs victimes un climat de peur et d'insécurité. A cause de cet énigmatique vide entre les deux, la nature a juré de ne jamais permettre que ces deux falaises s'étreignent. Bien sûr, tous les deux pensent que derrière le rideau qui les sépare, se cachent d'extraordinaires surprises; des surprises tout le long des deux plateaux qui s'étalent, l'un vers l'Est, l'autre vers l'Ouest par derrière leur dos.

Soit des centenaires avant notre ère, ces deux inconnus, dans un rapport isolé surnommé, "rapport Est – Ouest", s'élançaient sans répit dans la lutte de surpassement, comme le mélange de quelque goutes de citron à un gallon de lait. Ces deux facteurs peuvent naturellement se croiser ensemble dans un même récipient comme dans le cas de l'huile et de l'eau mais, jamais ils ne se mélangeront sous aucune forme de combinaison simple bien entendu; à moins qu'il y ait un élément nouveau capable de provoquer une explosion, une évaporation, une calcinations etc. C'était ce qui se passait lors de la rencontre au sommet des deux super-grands, il y a quelques années, l'URSS, représentée par Khrutchèv qui signifie plâtre, et Eisenhower pour les E.U.A, dont le nom signifie fer. Le représentant de l'URSS retira son soulier et le frappa sur la table en disant aussi fort qu'il le pouvait: "Nous ne serons jamais d'accord".

Bien avant, Nébucadnetsar, représente la tête d'or de la statue, Darius et Cyrus les poitrines et les bras d'argent; ils ont institué des armées fortes constituées en une marrée d'hommes solides capables de défendre leurs empires et les maintenir en pleine forme, disponibles à toutes sortes d'éventualités. Ils ont su soumettre en leur temps, des peuples, des nations, des langues, et le monde sous leur commandement. A cet effet, les Chaldéens, les Mèdes et les Perses, ont pu faire la pluie et le beau temps, détruire et construire, tuer et donner la vie, à qui ils voulaient. Ils ont tantôt envahi la Grèce et ont réduit toutes ses principales villes en cendre (Septembre 480 avant Jésus-Christ). D'autre part, par la défaite des flottes Asiatiques en face de celles des Grècs, des milliers de guerriers Orientaux ont péri; l'Ouest eut ainsi la vie sauve. L'ennemi, déçu, rentra chez lui. Dès lors, l'idée de vouloir dominer le monde comme eux, au coeur des Grècs a germé tranquillement. Cent cinquante ans après la défaite, cette idée a cru tel au coeur du fils de Philipe de la Macédoine, que l'esprit de vengeance s'est saisi de lui (Alexandre le Grand) qui, sans effroi, conduit son armée à la conquête de l'Est.

Voyant approcher sa fin, la fin de sa dynastie, de ses châteaux de cartes, et que l'homme qui, suivant le récit biblique, représente le ventre et les cuisses d'airain de la statue de Nébucadnetsar, se lança à sa poursuite afin de se venger de lui; "Darius s'enfuit au gallop avec une poignée d'hommes qui lui était encore fidèles. Trahi par Bésus et quelques uns d'entre eux qui voulurent gagner par sa capture la sympathie du vainqueur, il fut remis mort à l'empéreur qui se fâcha amèrement de la conduite indigne du lâche qui le transperça, ordonna qu'on le lui emmena. A des centaines de kilomètres de là, Bésus qui se réfugia dans une ville presque en ruine, fut remis vivant à Spitaménès et à Dataphernes afin d'être jugé et puni par l'empéreur.

Agé de dix-huit ans au moment de son départ, il a brûlé la Capitale des Perses, et Ecbatana, celle des Mèdes a été aussi vaincue. Bactriana, Milétus, Babylone, Pergame, Mésopotamie, Paraetacène, Kandahar, Bactria, Paropamisus, Cyropolis, Maracanda, et beaucoup d'autres n'ont pas été épargnées. Sur son passage, ils fonda des villes en Asie Mineure: Sarde, Ephèse et Tyre, Alexandria en Egypte, et Alexandria de la fin du monde. Après s'être confrontés à des affronts innoubliables, provenant des défaites causés par les Orientaux, les Grècs, au cours de plusieurs siècles, s'élançaient dans une campagne d'expérimentations intellectuelles afin d'accomplir ce qu'ils avaient rêvé; être le cerveau de cet hémisphère, si ce n'est du monde, être aussi capables de répondre aux exigences d'ordre socio-culturel, auxquelles, ils avaient à faire face. Ils ont fait des expériences diverses en mécanique, physique, géométrie, astronomie etc. Ils pensaient qu'ils étaient le peuple le plus éduqué, supérieur aux Orientaux qui selon eux, venaient d'une espèce inférieure à la leur. Mais, grâce à leur éclatante victoire, et aux rentrées triomphales qu'ils effectuaient dans les villes de l'Est, ils avaient pu constaté qu'ils s'étaient trompés, lorsqu'ils contemplaient les grandes oeuvres d'art qu'ils réalisaient (Orientaux), l'architecture des palais, les jardins suspendus etc., ils avaient en somme du vertige face à ces gigantesques réalisations.

Doués de mentalités spirituelles et naturellement différentes l'une de l'autre, l'un est devenu le terrain de jeu de l'autre. Et cet atmosphère demeure la base des luttes de la civilisation et un rêve d'or au coeur de plusieurs intrépides rêveurs de conquérir, de s'emparer de l'autre afin de le mettre sous les verrous de son étreinte mortelle". (à lire le rêve le plus long de l'histoire).

Des deux côtés le but est simulaire, mais la stratégie de cette unification a toujours été inéficace. Des ponts ont été jetés sur les falaises par des rêveurs à la trempe de: Nébucadnetsar, Darius, Cyrus, Alexandre le Grand, Cesar, Lawrence de l'Arabie, Frédérick II de Hohenstaufen; et dans notre ère, Napoléon, le papisme, Mussolini, Hitler, Staline, Churchill, Mao, Heisen Hower, Khrouchtchèv, Roosevelt, Kennedy, Reagan, Bush, Obama, etc., lorsqu'on parle d'exemples simulaires dans notre temps, la guerre qui opposait l'Allemagne, l'Italie, et le Japon, contre la France, l'Angleterre, les E. U. A. etc., disons les Alliés; la guerre entre la Corée du Nord et la Corée du Sud, celle des deux Viét-Nam, la guerre froide qui durait des décenies, et qu'on prétend avoir touché à sa fin etc., laissent entendre une fois encore, que les théories de l'Est luttent encore contre celles de l'Ouest, car, les apparences trompent, et l'esprit de l'animal féroce n'était pourtant pas mort, il s'est plutôt endormi, il peut encore surgir, et causer des dégats.

Dans son coeur, l'Est n'a jamais galopé un cheval à deux avec l'Ouest, c'est-à-dire, en croupe de celui-ci. Non! Dans le temps, il change souvent de tactique et de mains. Mais sa philosophie reste la même, en finir avec l'Ouest. Et vice versa. Ne vous y trompez pas, lorsqu'il sourit, il ne joue pas. Il grince les dents. Il cherche un moyen de surprendre son adversaire. Il ne dort jamais, même lorsqu'il ronfle, il a un oeil ouvert. Tampis pour ceux qui ne le comprennent pas. L'Ouest non plus, ne joue pas. Il est très attentif et le surveille aux coins des yeux. La sympatie de l'Ouest attire sur lui les regards enquêteurs de ses adversaires, tout en cherchant à saisir de l'occasion de s'implanter lui-même (l'Ouest), s'accaparer de ce qu'il a besoin pour étendre ses ailes. Il veut leur prêter mains fortes dans des circonstances difficiles dans un but donné. Tandis que L'Est montre un visage d'homme sérieux, mais sa bonne humeur cache la fureur de sa rancune.

Au cours de la première guerre mondiale, il n'y avait qu'un phénomène, "oeil pour oeil, dent pour dent", de la rancune entre larrons en foire; un monstre qui voulait montrer ses crocs et ses yeux de flamme. Depuis après l'assassinat du duc Franz Ferdinand et de sa femme Sophie, ce demon commençait à agiter sa queue au travers de l'Allemagne qui voulait exercer sa puissance, ses forces militaires en compagnie de l'Autriche, et de la Hongrie en vue de capturer des colonies comme firent La Grande Bretagne, l'Espagne, et la France dans le temps; ces pays en avaient un peu partout en Amérique et en Afrique. Donc, ces nations sus-citeés se liguaient contre les Serbes, les Russes, les Français, les Belges, la Grande Bretagne etc. Et pour introduire les Etats-Unis à participer dans cette guerre, les sociétés secrètes à travers les grands banquiers du monde qui recueillirent des trillions de dollars à cause d'elle, car ils prêtaient de l'argent à gros intérêts aux nations qui y prenaient part; elles avaient elles-mêmes combiné à naviguer la

'"Lucitania", un parquebot Américain dans les eaux où opéraient les Allemands qui, finalement, avaient bombardé et coulé ce bateau; peu leur importait que mille cent quatre- vingt dix- huit personnes périssaient, il leur suffisait de faire de l'argent aux dépens de cette guerre. Le truc est, plus il y a des nations rivales, plus elles s'erichissaient.

Dans la deuxième, l'Est répandait sa haine dans de fauses spéculations; il a endurci le coeur des nations telles que l'Allemagne, l' Italie et le Japon contre les Alliés. Et pour introduire les Etats-unis à y prendre part, les Japonais avaient attaqué Pearl Harbor. Le président Américain lors, savait que les Japonais allaient attaquer. Il ne disait rien, parce qu'il faisait partie de la société secrète de X, l'organisation satanique de X, qui était toujours contre les nations protestantes. Ainsi, les Américains avaient été victimes d'une défaite capitale par surprise. Et dites donc, qui finançait cette guerre pour Hitler? La banque de l'Union des Etats-Unis qui était dirrigée lors par le père d'un grand homme politique de cette nation. Ces banquiers étaient des traitres.

Il est évident et inévitable que vous êtes considérés comme étant les propriétés d'un petit groupe d'hommes bizarres, spéciaux, oints par Lucifer à dessein d'accomplir ses voeux. Ce sont tous des hommes d'affaires, des hommes politiques, des gens que vous connaissez de nom. Des traitres qui continuent d'inciter des hostilités entre les nations afin d'accumuler de l'argent pour leur patron Lucifer. Rappelez-vous, lorsqu'une guerre s'éclate, elle va coûter beaucoup d'argent. La plus part des gens que vous voyez dans les rues, à la télé, dans les journaux, ne sont pas des hommes et des femmes ordinaires, la plus part sont des agents du diable; ils peuvent faire n'importe quoi afin de plaire à satan, leur patron. Tous ceux-là qui, dans le temps étaient assignés à de tel boulot, n'hésitaient pas comme eux à coopérer avec le plan de satan, peu importait les conséquences. Dans un autre chapitre, vous allez decouvrir le but précis de ces agents du diable. Comprenez-vous pourquoi ils achètent de l'or sur tous les marchés du monde aujourd'hui? C'est pour le même but. Ils sont bien équipés, intelligents, puissants, éduqués, toutes les nations sont en train de travailler pour eux. Toutes les organisations financières appartiennent à eux. Ils ont des armées, des Agences politiques à leur disposition. Tout ce qu'ils veulent, ils le font. Ils ont l'apparence d'être sages, ils parlent comme des saints qui ne peuvent pas tuer une fourmi, mais, ils sont cruels, des pharisiens de Coeur. Peu importe la vie de leurs victimes, ce qu'ils ne cessent d'exercer est, de créer des circonstances qui provoquent des guerres. A l'aide de cette stratégie, ils envoient des boucs-émissaires accomplir la volonté de leur maitre, sans qu'ils n'aient rien à voir dans cette réalisation. Même si on capture les bandits, ils ne vont pas les accuser, dévoiler leur projet; ils sont aussi purs, innocents qu'une colombe; car, ils n'en savent rien. Après avoir provoqué ces conflits, ils prêtent de l'argent à de gros intérêts aux antagonistes qui, à la fin de cette luttes, sont endêttés; c'est ainsi que les peuples paient les conséquences. Cet argent est encaissé à courts ou à longs termes dans leurs comptes aux dépends des innocents qui ne comprennent pas pourquoi leurs fils, leurs maris meurent sur le théatre de ces guerres. Ils diraient, ce sont des héros, des compatriotes qui se sont sacrifiés pour la patrie. Mais, la vérité est de leur demander, pourquoi n'envoient-ils pas eux aussi leurs fils et leurs filles sur les fronts? Ils meurent, parce que c'est ainsi que ces sociétés secrètes fonctionnent; elles exécutent le plan du patron de la famille; elles font des trillions de dollards aux dépends des nations aguerries.

Maintenant, il y a une théorie qu'ils pratiquent dans leur propre pays, et sur le territoire de tous les autres gouvernements d'outre mer, la loi de Georg Hegel. Cette théorie a défini que, si deux points extrêmes d'une barre de fer par exemple sont antagonistes, le point central est le seul juge entre les deux. Ce qui signifie que, dans chaque pays, il y a deux partis politiques, au minimum. Disons, prenons comme exemple deux nations. Lorsqu'un conflit d'intérêt éclate, la nation la plus forte, doit se tenir au milieu d'elles pour les calmer. Et comment les calmer? Rappelez-vous, tout d'abord, elle les incitait à se déchirer l'une l'autre. Etant maintenant le seule juge entre les deux, cet intermédiaire parviendra à concrétiser son but. S' il voulait (point central) exploiter une mine d'or chez-elles, l'occasion lui est offerte. S'ils voulaient bénéficier de n'importe quoi, la porte est grande ouverte pour elle. Notamment, le sénat et la chambre des députés representent le terrain propice où ces sortes de disputes et de divisions commencent. Si un groupe d'entre eux est à la solde de ce patron dont nous parlons, il jouera (groupe) pieds et mains de faire passer l'idée de ce patron; il préfèrerait n'importe quoi que de faire des concessions et des compromis pour lui plaire. De toute façon, ce secte est séduit à servir ce spectre invisible que d'avoir les sentiments d'un patriote. Si les peuples étaient intelligents, ils ne devraient pas prêter attention à ces agents de la discorde; ainsi, ils auraient pu éviter toutes les disputes et confrontations entre eux, un moyen de ne pas être pris dans de tels pièges. La politique est du diable. Le pouvoir est un truc, une farce; c'est satan qui dicte toutes les grandes décisions sur le future des peuples à tous les gouvernements. C'est pourquoi ils ne peuvent bouger, répondre aux obligations de leurs peuples comme ils entendent. Ceux qui s'y opposent (à ces préceptes), meurent comme plusieurs autres qui, dans le passé, étaient chassés de leur poste, ou assassinés.

Juste après cette dernière, c'est-à-dire, la deuxième guerre mondiale, l'Est change de visage. Une partie de l'Allemagne, en plus, l'Italie, et le Japon se rangent du côté de l'ouest, tandis que la Russie a pris le contre pieds. Elle a adopté une philosophie qui a rallié bon nombre des pays de l'Europe et d'autres continents après elle. On les appelait des pays de l'Est qui se groupaient contre ceux de l'Ouest qui étaient représentés par les E.U. A. On dit qu'ils sont des pays capitalistes. Ils prêchent la démocratie; pendant ce temps, ceux de l'Est prônent le communisme.

De nos jours, en dépit de la chute du communisme, la bête fauve est toujours vivante. Elle lève à maintes reprises la tête, cherche un moyen de réaliser ses rêves et de surprendre le bloc Ouest. En dépit de tout, il continue d'agiter sa queue. Apprenez bien qu'il n'y a pas de concurence politique sans que les forces rivales ne soient destructives; toute forme de friction entre deux ou plusieurs corps visibles ou invisibles s'échauffent et produisent des étincelles ou du feu. Pour combattre les forces sataniques, vous, la victime, ou l'opposant, devrait être le meilleur en bonté, c'est- à -dire, en sainteté, ou la plus haute puissance diabolique que celle de l'adversaire; sans quoi, il n'y aura aucun point central dominant.

Ensuite, la cause de la guerre de Vietnam fut "La baie de Tonkin". Rappelez-vous que les guerres rapportent de l'argent à la mafia internationale. On accusait faussement les Vietnamiens du Nord d'avoir attaqué deux "destroyers" Americains. Tout le monde sait le reste. Et ce fut une décision catastrophique.

Et pas trop longtemps, des extrémistes de l'Islam avaient explosé le "world trade center", où plus de trois mille d'innocents avaient perdu leur vie. C'était terrible! Cette tragédie a tout changé aux E. U. A. et dans le monde. Il parait que l'Harmaguedon va commencer dans un future proche. Avant tout, les chrétiens devront disparaitre dans l'enlèvement. Le Saint-Esprit qui retient l'impi, l'anti-Christ d'entrer en fonction, se retirera. Cet impi va s'asseoir dans le temple de Dieu, et se proclamer lui-même dieu. Bientôt, il y aura un seul gouvernement à la tête du monde entier, une seule monaie pour tous. Malheur à celui qui n'obéit pas aux ordres du souverain. Et pitié pour ceux qui ont rejeté LA PAROLE REVELEE d'aujourd'hui, ils ne feront pas partie de l'enlèvement de l'Epouse de CHRIST, ils passeront à travers de la période de trois ans et demi de tribulation. Heureux ceux qui ont part à la première résurrection, c'est-à-dire l'enlèvement de l'Epouse. C'est le temps de lever la tête pour le Chrétien véritable, le jour est proche. Les choses se réalisent sous vos yeux, suivant le livre de l'Appocalypse, et vous n'y comprenez rien. Des choses que les prophètes avaient annoncées, qu'ils auraient souhaité voir. C'est merveilleux.

Maintenant, pensons qu'il y a une famille, une organisation qui gouverne cette terre. Elle veut que le monde soit réduit à cinq cent million de personnes. Posez-vous la question, que va-t-elle faire pour arriver à ce nombre? Imaginons q'u'il y a des prisons qui ont été bâties, qui ont une capacité chacune de recevoir cinquante million de personnes. Seraient-elles réservées pour incarcérer les gens qui refuseront d'accepter la marque de la bête ou quoi? Je ne sais pas. Cette famille veut que vous soyez leur propriété, que ses agents vous contrôlent, qu'ils vous surveillent lorsque vous parlez avec quelqu'un au téléphone; savoir quand vous vous déplacez, à quel endroit vous allez; quand entrez-vous chez-vous, avec qui vous aviez communiqué, quel genre de conversation vous aviez eue. Dans le but de contrecarrer le plan de Dieu. Imaginons qu'ils planifient de réaliser une sorte de démonstration dans le ciel, quelque chose de spectaculaire qui vous fera croire que Jésus-Christ est déja venu. Mais ils oublient que la bible dit clairement que, "les élus seraient séduits s'il était possible".

Dans des chambres blindées, climatisées, les rapports Est – Ouest essaient de combler le vide qui se trouve entre les deux falaises par des pierres, par de la terre ferme, et en réduisant les armes sophistiquées; à chaque essai, une pluie torrentielle a tout emporté, et laisse des alluvions de part et d'autre, et la situation n'a pas changé. A toutes fins utiles, il semble que ce qui a été annoncé dans le rêve du roi Nébucadnetsar, doit se réaliser point par point dès ces temps-là à aujourd'hui. Si on lit attentivement, le récit de Daniel 2, et pour le comprendre parfaitement bien, on doit se rendre compte qu'on est à la fin des temps, la fin de la dernière partie de cette réalité de notre temps. "Décidant de poursuivre sa campagne jusqu'aux confins de la terre, Alexandre Le Grand parcourut des vallées, des plaines lointaines de l'Asie, traversa des chaines de montagnes élevées, où étaient bâties sept villes que Cyrus considérait comme des forteresses pour défendre son empire. En dépit des difficultés qu'il rencontra, il parvint à détruire ces forteresses; Spitaménès et ses hommes s'enfuirent, il (Empéreur) rentra victorieusement à Maracanda". Par sa tenacité, et à l'aide de ses bras forts, il réussit à unir en son temps l'Europe et l'Asie, c'est-à-dire l'Est et l'Ouest.

"Tu regardais, lorsqu'une Pierre se détacha sans le secours d'aucune main, frappait les pieds de fer et d'argile de la statue, et les mit en pièces. Alors le fer, l'argile, l'airain, l'argent et l'or furent brisés ensemble, et devinrent comme la balle qui s'échappent d'une aire en été; le vent les emporta, et nulle trace n'en fut retrouvée. Mais la Pierre qui avait frappé la statue devint une grande montagne, et remplit toute la terre" (Daniel 2 : 34-35). "Dans le temps de ces rois, le Dieu des cieux suscitera un royaume qui ne sera jamais détruit, et qui ne passera point sous la domination d'un autre peuple; il brisera et anéantira tous ces royaumes-là, et lui-même subsistera éternellement. C'est ce qu'indique la Pierre que tu as vue se détacher de la montagne sans le secours d'aucune main, et qui a brisé le fer, l'airain, l'argile, l'argent et l'or. Le grand Dieu a fait connaitre au roi ce qui doit arriver après cela. Le songe est véritable, et son explication est certaine" (Daniel 2 : 44-45). Ceci est connu comme étant le temps des gentils ou des paiens, cette époque-ci.

Ce temps est divisé en quatre parties, chacun portant le nom de l'empire dominant cette époque: Babylonien, Medo-Perse, Grèc et Romain. La monarchie la plus grande et la plus absolue fut la monarchie Babylonienne, et c'était la tête d'or qui typifiait cette monarchie. Ensuite venait celle des Medo-Perse, laquelle, comme le prouve l'histoire, fut véritablement moins glorieuse, et qui était typifiée par les bras et les poitrines d'argent. Puis venait l'âge de la Grèce dont le roi fut le plus brillant de tous les chefs militaires que la terre ait jamais connus, et qui était typifié de façon parfaite par le ventre et les cuisses d'airain. Il fut moins glorieux que les deux autres. Puis vint le dernier royaumes, l'empire romain, typifié par les jambes de fer, et les pieds en partie de fer et en partie d'argile. Alors que les royaumes précédents étaient typifiés par des métaux purs, (de l'or, de l'argent, de l'airain pur), ce dernier empire n'était pur que dans les jambes de fer; par contre, les pieds étaient faits d'un mélange de fer et d'argile. Et le métal et la terre, ne peuvent précisément pas s'associer pour produire la constance et la force. Non seulement cela, mais le plus étonnant, c'est que ce dernier empire (romain) devrait durer, dans son curieux état mélangé jusqu'au retour de Christ … Et l'empire romain de fer (fer= puissance et grande force destructive face à l'obstacle) devait être partagé en deux divisions principales. Et l'empire fut certainement partagé en deux parties; l'Est et l'Ouest; toutes deux très puissantes, écrasant tout devant elles. Mais, de même que la puissance et la gloire de tous les empires déclinent un jour, cet empire aussi commença à tomber. Ainsi, Rome tomba-t-elle? La Rome impériale et paienne n'était que du fer. Elle s'écroula. Elle avait été blessée à mort. Rome ne régnait plus sur les nations. C'est fini. Mais combien que le monde se trompait, car la tête (Rome) quoique blessée, ne l'était pas mortellement. (Wuest traduit ainsi l'Apocalypse 13 : 3 : "et l'une des têtes parut être mortellement blessée, la gorge taillardée. Mais son cou mortel fut guéri. Et toute la terre suivit la bête sauvage avec étonnement"). Peuples regardez à Rome! Ils regardent à la nation Italienne. Mais, tandis qu'ils regardent, ils ne se rendent pas compte que Rome, avec sa frontière bien délimitée, où le pape a éffectivement pour domaine personnel un terrain bien à lui, est un Etat dans l'Etat, et qu'elle a des embassadeurs et reçoit des embassadeurs. La Rome papale, faussement chrétienne, gouverne au moyen de la religion, avec plus de puissance que la Rome Impériale ne le faisait, lorsqu'elle gouvernait par le pur fer de la force …

Vous vous souvenez qu'Attalus s'enfuit de Babylone à Pergame, et établit son royaume hors d'atteinte de l'empire romain. Une succession de prêtres-rois suivirent Attalus jusqu'à Attalus III qui le refusa. D'après l'histoire de Stevens, c'est alors que le pape s'arrogea cette première place que l'Empéreur rejetait et, réside à Rome. Ce n'est pas en Babylone, mais dans le mystère: Babylone. C'est dans une cité sise sur sept collines. Sa tête est l'antichrist, car il a usurpé la position de Christ, Lequel est le seul Médiateur, et Lequel seul, peut pardonner les péchés (sept âges de l'église, pages 210-227 W.M.B.)".

"L'empire romain est le dernier empire mondiale. Il a commencé avec le règne de l'Empéreur Auguste en l'an 30 avant J-Ch. "Il dit ainsi: la quatrième bête sera un quatrième royaume sur la terre, qui sera différent de tous les royaumes, et dévorera toute la terre, et la foulera aux pieds et l'écrasera" (Daniel 7: 23). La dernière puissance mondiale renfermera globalement en elle les trois sphères: politique, économique et religieuse, unies en une trinité. C'est ainsi qu'elle dominera le monde entier sur tous les plans ... Après la dernière guerre mondiale, deux super-puissances apparurent. Le monde, aux conférences de Téheran de Yelta et de Postdam fut partagé par les puissances victorieuses. L'Union Soviétique était compétent pour les pays de l'Est, et les Etats-unis pour les pays de l'Ouest. L'Allemagne étant un Etat situé au centre de l'Europe – et le continent fut partagé. Puis, suivirent les années de la guerre froide.

"Le 25 Mars 1957 fut signé à Rome, le traité économique des pays de l'Ouest, lequel fut connu sous le nom de "Traité de Rome". En 1960 commença la crise de Cuba qui conduisit à son point culminant la "guerre froide". Le 13 Octobre 1960, devant l'assemblée générale de l'ONU, le secrétaire général du PCUS, Nikita Khrouchtchèv, retira son soulier et frappa violemment la table, avec colère il cria aussi fort qu'il le pouvait: "nous ne serons jamais d'accord". En Aout 1961 à Berlin, on en était presque arrivé à une épreuve de force entre super-puissances. Soixante chars Russes prirent position au "check point Charlie" du côté Est, au côté Ouest se tenaient les chars Américains, également lourdement chargés de munitions. Ce fut la main du Seigneur qui a empêché au dernier moment la confrontation militaire.

En 1978 Karol Wojtila, le Polonais, l'Européen de l'"Est, fut élu en tant que Pape Jean-Paul II, et il devrait entrer dans l'histoire comme "Pape de la paix". En 1985 est venu au pouvoir à Moscou Michail Gorbatschow. Le processus de paix qui avait déja été mis en route par Lech Walesa des chantiers navals de Danzig et avec l'appui du Vatican, prit son cours. Les grêves qu'il organisait étaient une protestation contre l'ensemble du système communiste. La percée se fit en 1989 lors de la "marche du lundi" des villes de l'Allemagne de l'Est, organisée par l'église évangélique protestante contre le système communiste – le 9 Novembre 1989 fut le jour historique dans lequel la porte de Brandbourg à Berlin fut ouverte pour les gens de l'Allemagne de l'Est, et ainsi commença la chute du mur de Berlin. Dans les années 1989/90, le communisme fut définitivement vaincu; tous les peuples qui étaient sous la domination des Soviétiques obtinrent leur indépendance, et l'Allemagne fut unifiée. En Septembre 2001, peu de jours seulement après l'attaque terroriste sur les E. U. A., Vladimir Putin, le président Russe, à la diète de la République Allemande, dit ceci: "la guerre froide" est passée pour toujours. Nous sommes entrés dans une nouvelle phase des relations Est - Ouest. Nous sommes tous partie de l'Europe unie".

Depuis le commencement des années 90, le bloc de l'Est en tant que super-puissance n'existe plus; et le processus d'union, dans lequel les pays de l'Est sont inclus, prend son cours. L'attaque terroriste du 11 Septembre 2001 aux Etats-Unis n'était pas dirigée seulement contre le "World Trade Center" à New-York, ou contre le Pentagone à Washington, mais c'était au contraire une attaque contre cette super-puissance encore restée debout. Dans la seconde partie du chapitre 13 d'Apolypse, cette puissance est décrite, elle ne sort pas de la mer et ne désigne pas les peuples, les nations, et les langues (Apocalypse 17: 15), ce qui est le cas de l'Europe unie, mais elle se trouve au-delà des mers et de la terre, c'est la bête qui a deux cornes comme un agneau. Les cornes symbolisent dans les prophéties bibliques une puissance dominante, alors que les têtes symbolisent ceux qui dominent et gouvernent; C'est donc une nation chrétienne, protestante, avec une politique et une économie puisasantes, mais non une puissance religieuse. Cependant, cette super-puissance mondiale du temps de la fin amènera toute la terre à reconnaitre cette dernière, "l'Europe unie".

Le temps dans lequel les E.U.A jouait le rôle de policier du monde et se présentait comme une super-puissance, est révolu. Les prophéties du temps de la fin s'accomplissent maintenant dans l'Europe unie, avec Rome comme Capitale religieuse du monde, reconnue de tous les conducteurs et système religieux de la terre... En fait, dans l'union de l'Europe, comme ancien empire romain qui revient au pouvoir, nous voyons accomplies sous nos yeux les prophéties du temps de la fin. Au temps de la première venue de Christ, Israel se trouvait sous la domination romaine, et il a depuis quelques années un statut spécial avec l'union Europeenne... Depuis le 11 Septembre 2001 rien n'est plus aux E.U.A comme cela a été, et sur la terre entière il n'en sera plus comme auparavant. NOUS SOMMES ENTRES DANS LA DERNIERE PHASE du temps de la fin, telle qu'elle est décrite à l'avance dans les Saintes Ecritures.

Pour comprendre la raison pour laquelle l'Irak, un des principaux pays de l'Islam, est sans cesse à nouveau inclus dans les événements de la région, nous devons également regarder aux prophéties. Dans (Apocalypse 9: 13-21), il nous est dit que les quatre anges du jugement sont liés pour l'heure et le jour et le mois et l'année sur l'Euphrate, lequel coule au travers de l'Irak aujourd'hui. Là dans la région de Basora, qui veut dire dans notre langue "paradis", se trouvait le berceau de l'humanité. C'est de là, lors de la grande tribulation, que viendra la destruction au cours de laquelle un tiers de l'humanité sera tué. L'attaque se fera principalement contre Israel, mais toutes les nations seront impliquées, et visiblement les armes biologiques et chimiques seront employées (Zacharie 12: 3; 14: 12). Les Etats-Unis d'Amérique ne sera pas non plus épargné par la destruction. Le prophète du XXme siècle, William M. Branham, vit déja en 1933 le temps de la fin, dans sept visions. Dans sa dernière vision, il vit les Etats-Unis entièrement détruit par une attaque militaire. "Après cela je me retournai et regardai. Je vis les Etats-Unis comme s'il était complètement consumé. Les rochers avaient été projetés. Et cela brûlait comme des troncs de bois dans le feu. Quelque chose les avait allumés. Je regardai, et aussi loin que je pouvais voir, tout était détruit" (prédication du 6 Aout 1961, W.M.B.).

"L'Europe unie, en tant que "puissance mondiale", dans laquelle sont réunies la religion, la politique, le pouvoir inébranlable du Vatican. Il a réussi à confirmer son indépendance en tant qu'Etat, en faisant frapper une émission spéciale de 65000 exemplaires de la monaie de l'Euro en cours avec le portrait du pape, et cela malgré l'opposition de la Banque Centrale Européenne. Les huit sortes de pièces ne sont cependant pas en libre circulation. Les collecteurs paient déja maintenant plus de 500 Euro pour un jeu de pièces de monaie de valeur nominale de seulement 3,66 Euro. La monaie a l'éffigie du Pape est considérée comme précieuse parce que c'est lui, en 1989, qui a renversé le communisme mondial et unit l'Europe sous la domination "catholique chrétienne"! Tous les initiés savent que la politique du Vatican a joué le rôle principal, aussi bien dans la réunification de l'Allemagne que dans celle de l'Europe, comme aussi dans la globalisation et l'union de la communauté des Etats de ce monde. Il continuera à jouer ce rôle jusqu'à la réalisation du nouvel ordre mondial. L'église de Rome n'existe que depuis le 4ème siècle. En réalité, c'est seulement au concile de Nicée qu'est née l'église de Rome. Jusque là, cohabitaient environs 130 tendances de fois différentes au sein du christianisme. Des années 54 à 312/313, les chrétiens sous la domination des Empéreurs Romains, furent généralement persécutés. Cette persécution commença avec Néron, et se termina de façon la plus cruelle avec Dioclétien. Jusque là, les Juifs avaient un statut particulier dans l'empire romain. Il n'était pas besoin de prendre part aux festivités faites en l'honneur des dieux. En 324, l'Empéreur Constantin se déclara être le "vicaire de Christ", "le seigneur de l'Etat", et "le seigneur de l'église", "le Pontifex Maximus". La même année, il donna l'ordre d'agrandir Constantinople, et non Rome, pour en faire la Capitale de l'empire. Constantin qui est un meurtrier notoire, convoqua en 325 le concile de Nicée pour unifier tous les courants chrétiens. Ce n'est qu'en 440 que le Pape Léon 1er éleva aussi Rome comme métropole du pouvoir religieux pour l'empire de l'occident, et c'est seulement en 756 qu'elle est devenue le siège de l'Etat Pontifical.

En ce qui concerne la persécution des Juifs, elle ne remonte également dans l'ère chrétienne qu'au quatrième siècle. Les soit-disants "prêtres de l'église" étaient issus du paganisme, et ils avaient tous sans exception la haine des Juifs, comme nous l'apprend l'historiographie. Ils ont diabolisé les Juifs en les accusant d'avoir assassiné le Christ, puis ils les ont accusés de déicide. Leur haine des Juifs allait si loin qu'ils ont même déclaré: "celui qui tue un Juif expie la mort de Christ", et : "parce que les Juifs ont tué le Messie, ils ont enlevé aux nations le Sauveur et le salut". Ils ont franchi réellement les extrèmes, et ont attribué l'Acien Testament aux Juifs rejetés, de même ils ont à nouveau mal compris le nouveau Testament plus de 6000 fois "Hélohim-Yahweh", ils ont mis à la place une triple figure, une divinité en trois personnes. Pas plus l'Ancien que le nouveau Testament ne connaissaient une "tri-unité". La nation d'Israel ne connut que l'Eternel, le Dieu de Moise, le DIEU d'Abraham; l'unique DIEU Suprême duquel est décrit dans toute la bible comme Celui qui a créé toute chose, le Grand Je Suis qui parla à son serviteur Moise du bruisson ardent; Celui qui était, qui est et qui vient bientôt" (lettres circulaires 53/54, par E. F.).

*****

Plan De Dieu Pour Les Juifs, Les 144000 Des Douze Tribus d'Israel, Et L'Epouse De Christ, Tirée Parmi Les Paiens.

Ce programme est en marche avec le temps. Le monde actuel ne voit rien, ne comprend rien de ce qui est en train de se réaliser sous leurs yeux. Les prophètes auraient voulu être présents dans ces jours-ci, afin de voir s'accomplir les prophéties annoncées pour ce temps de la fin. Et nous sommes au temps de la fin. Dieu a promis dans (Esaie 14: 1 – 2) de ramener Israel dans sa patrie dans notre temps, Il l'a fait. Il a tenu sa promesse. "Car l'Eternel aura pitié de Jacob. Il choisira encore Israel, et Il les rétablira dans leur pays; Les étrangers se joindront à eux, et ils s'uniront à la maison de Jacob. Les peuples les prendront, et les rameneront à leur demeure, et la maison d'Israel les possèdera dans le pays de l'Eternel..." "En ce temps-là, L'Eternel secouera des fruits, depuis le cours du fleuve jusqu'au torrent d'Egypte; et vous serez ramassés un à un, enfants d'Israel! En ce jour, on sonnera de la grande trompette, et alors reviendront ceux qui étaient exilés au pays d'Assyrie ou fugitifs au pays d'Egypte ..." (Esaie 27 : 12 – 13). ..."Maintenant je ramènerai les captifs de Jacob, j'aurai pitié de toute la maison d'Israel, et je serai jaloux de mon Saint Nom. ...quand je les ramènerai d'entre les peuples, quand je les rassemblerai du pays de leurs ennemis, je serai sanctifié par eux aux yeux de beaucoup de nations. Et ils sauront que je suis l'Eternel, leur Dieu, qui les avait ramenés captifs parmi les nations, et qui les rassemble dans leur pays; je ne laisserai chez-elles aucun d'eux, et je ne leur cacherai plus ma face, car je répandrai mon Esprit sur la maison d'Israel, dit le Seigneur, l'Eternel". (Ezéchiel 39 : 25-29).

Quant à présent, Le plus grand événement que le monde attend c'est l'enlèvement des croyants. (Apoc. 3 : 14-22, 1Thes. 4 : 13 – 17). "Nous ne voulons pas, frères, que vous soyez dans l'ignorance au sujet de ceux qui dorment, afin que vous ne vous affligiez pas comme les autres qui n'ont pas d'espérance. Car, si nous croyons que Jésus est mort et qu'il est ressuscité, croyons aussi que Dieu ramènera par Jésus et avec Lui ceux qui sont morts. Voici, en effet, ce que nous vous déclarons d'après la parole du Seigneur: nous les vivants, restés pour l'avènement du Seigneur, nous ne devanceront pas ceux qui sont morts. Car le Seigneur Lui-même, à un signal donné, à la voix d'un archange, et au son de la trompette de Dieu, descendra du ciel, et les morts en Christ ressusciteront premièrement. Ensuite, nous les vivants, qui seront restés, nous seront tous ensemble enlevés avec eux sur les nuées, à la rencontre du Seigneur dans les airs, et ainsi nous serons toujours avec le Seigneur".

Il faut aussi s'attendre à l'apparition du prince dont (2 Thessaloniciens 2 : 3-4) annonce : "Que personne ne vous séduise d'aucune manière; car il faut que l'apostasie soit arrivée auparavant, et qu'on ait vu paraitre l'homme du péché, le fils de la perdition, l'adversaire qui s'élève au-dessus de tout ce qu'on appelle Dieu ou de ce qu'on adore, jusqu'à s'asseoir dans le temple de Dieu, se proclamant lui-même Dieu". Nous vivons actuellement, aux environs de la minute où cet usurpateur, ce méchant, l'homme du péché doit apparaitre. Toutes les conditions sont déja réunies. Nous sommes au temps de la fin. Toutes les églises se réunissent dans l'oeucuménisme, Israel est déja dans sa patrie, reconnue comme une nation indépendante, l'empire Romain sous la forme politico-religieuse est rétablie, il ne reste que l'heure et la minute où ce violent programme diabolique débute. Attendez, et voyez! Tout sera dessus-dessous subitement, dans un temps très proche.

Juste après l'enlèvements des croyants, la grande tribulation commence. Ceux qui seront laissés en arrière, auront à affronter les règles de la bête qui est Rome. Ils ne pourront acheter ni vendre sans avoir la marque de la bête, et ce nombre est 666. "Disant aux habitants de la terre de faire une image à la bête qui avait la blessure de l'épée et qui vivait. Et il lui fut donné d'animer l'image de la bête, afin que l'image de la bête parlat, et qu'il fit que tous ceux qui n'adoreraient pas l'image de la bête fussent tués. Et elle fit que tous, petits et grands, riches et pauvres, libres et esclaves, reçussent une marque sur leur main droite et sur leur front, et que personne ne peut acheter ni vendre, sans avoir la marque, le nom de la bête ou le nombre de son nom. C'est ici la sagesse. Que celui qui a de l'intelligence calcule le nombre de la bête. Car c'est un nombre d'homme, et son nombre est six cent soixante-six" (Apoc.13 : 14-18).

La marque sur la main, c'est le fait de mettre la main dans la patte, en participant dans les actions de Rome; la marque sur le front, est le fait d'accepter les conditions du dragon. Et une sentence est dictée par Dieu contre tous ceux qui acceptent cette marque. "Si quelqu'un adore la bête et son image, et reçoit une marque sur son front ou sur sa main, il boira, lui aussi, du vin de la fureur de Dieu, versé sans mélange dans la coupe de sa colère, et il sera tourmenté dans le feu et le soufre, devant les saints anges et devant l'Agneau. Et la fumée de leur tourment monte aux siècles des siècles; et ils n'ont de repos ni jour ni nuit, ceux qui adorent la bête et son image, et quiconque reçoit la marque de son nom" (Apoc. 14 : 9-11). C'est pourquoi Dieu vous appelle tous qui craignez son Nom à sortir en fuyant du milieu de la religion et des cultes organisés, Il ne s'y trouve pas. Il est dans Sa Parole. "Car comme l'éclair part de l'orient et se montre jusqu'en occident, ainsi sera l'avènement du fils de l'homme. En quelque lieu que soit le cadavre, là s'assembleront les aigles" (Matthieu 24 : 27-28). Nous sommes au temps des aigles. Ils vont bientôt prendre leur essor dans l'enlèvement, lorsque le Grand Aigle donne le signal. Saviez-vous que premièrement l'esprit d'Elie le prophète est promis pour ce temps de la fin? (Malachie 4 : 5-6). Voici, je vous enverrai Elie, le prophète, avant que le jour de l'Eternel arrive. ... Il ramènera le coeur des enfants à leurs pères". Ce qu'il ne faut pas confondre avec le ministère de Jean-Baptiste qui devait ramener le coeur des pères à leurs enfants (des anciens patriarches au message de Jésus-Christ en son temps). Voyez bien, cet autre Elie va ramener le coeur des enfants qui sommes nous dans notre temps, vers le message des apôtres et de Jésus, juste pour nous ôter les pailles, les credos des églises organisées, leurs différentes doctrines de confusion, vers la foi apostolique, en vue de la préparation du croyant pour l'enlèvement. QUAND CELA SE PASSERA-T-IL? QUAND CET ELIE RETABLIRA-T-IL TOUTE CHOSE? AVANT QUE LE JOUR DE L'ETERNEL ARRIVE. Le jour de l'Eternel n'est pas arrivé après la mort de Jean-Baptiste. Nous sommes à 2000 ans d'écart du temps de Jean-Baptiste, et le jour de l'Eternel est toujours en suspens. Donc cet Elie delivrera son message de restoration, juste avant que le jour de l'Eternel arrive, ce jour grand et redoutable. Fuyez de Babylone, et Dieu vous accueillera. "Et j'entendis du ciel une autre voix qui disait : sortez du milieu d'elle, mon peuple, afin que vous ne participiez point à ses péchés, et que vous n'ayez point de part à ses fléaux". C'est-à-dire, aux fléaux qui vont frapper la Babylone spirituelle qui est assise sur sept montagnes sur lesquelles cette grande prostituée, cette grande église qui s'est prostituée avec les rois de la terre décrite dans (Apocalypse 17) se trouve.

Souvenez-vous que la bête est Rome, et que l'image de la bête c'est l'oeucuménisme, la conféderation des églises protestantes. Toutes les églises sont déja devenues une sous une seule tête, Rome. En allant à ces religions organisées, vous allez dans un lieu d'adoration que Dieu n'a pas choisi. Et Dieu répugne l'organisation des églises, cette image faite à la bête. La vraie église de Dieu est en dehors de toutes organisations religieuses; c'est Lui, JESUS-CHRIST, qui est la tête de Son Eglise, et qui la conduit; pas un homme instruit, un érudit quelconque, ou un comité d'hommes élus. Non! Ceux qui iront dans l'enlèvement sont uniquement ceux qui ont accepté Jésus-Christ comme le Seigneur et Sauveur de leur âme, et qui ont vécu exactement la vie de Jésus, c'est-à-dire, au travers desquels, les fruits de l'Esprit se manifestent toujours. C'est le fait d'être toujours semblable à Lui. Ce n'est pas le fait d'être habillé d'une robe blanche au jour le jour. Non! Cela, est une image extérieure trompeuse qui n'a aucune importance pour Dieu. L'important est, vivez-vous la vie de Christ? Etre comme Lui, Le MAITRE, Le Seigneur JESUS, pendant que vous vivez encore sur la terre!

Tout de suite, après l'enlèvement, Rome fera une alliance avec Israel qu'elle brisera au milieu de la 70ème semaine au sujet de laquelle le prophète Daniel a parlé; c'est-à-dire, après trois ans et demi. C'est alors que le tumulte commence. "Et je vis sortir de la bouche du dragon, et de la bouche de la bête, et de la bouche du faux prophète, trois esprits impurs, semblables à des grenouilles. Car ce sont des esprits de démons, qui font des prodiges, et qui vont vers les rois de toute la terre, afin de les rassembler pour le combat du grand jour du Dieu tout Puissant. "Voici, je viens comme un voleur. Heureux celui qui veille, et qui garde ses vêtements, afin qu'il ne marche pas nu et qu'on ne voit pas sa honte! Ils les rassemblèrent dans le lieu appelé en hébreu HARMAGUEDON. Le septième versa sa coupe dans l'air. Et il sortit du temple, du trône, une voix forte qui disait : C'en est fait! Et il y eut des éclairs, des voix, des tonnerres, et un grand tremblement de terre, tel qu'il n'y avait jamais eu depuis que l'homme est sur la terre un aussi grand tremblement. Et la grande ville fut divisée en trois parties, et les villes des nations tombèrent, et Dieu se souvint de Babylone la grande, pour lui donner la coupe du vin de son ardente colère. Et TOUTES LES ILES S'ENFUIRENT, ET LES MONTAGNES NE FURENT PAS RETROUVEES" (Apoc. 16 : 13-20). Et pour avoir une idée complète de ce qui se passe ici, lisons (Zacharie 14 : 1-5, et 12-14). "Voici, le jour de l'Eternel arrive. Et tes dépouilles seront partagées au milieu de toi. Je rassemblerai toutes les nations pour qu'elles attaquent Jérusalem; la ville sera prise, les maisons seront pillées, et les femmes violées; la moitié de la ville ira en captivité, mais le reste du peuple ne sera pas exterminé de la ville. L'Eternel paraitra, et Il combattra ces nations, comme Il combat au jour de la bataille. Ses pieds se poseront en ce jour sur la montagne des oliviers, qui est vis-à-vis de Jérusalem, du côté de l'orient; la montagne des Oliviers se fendra par le milieu, à l'orient et à l'occident, et il se formera une très grande vallée; une moitié de la montagne reculera vers le septentrion, et une moitié vers le midi. Vous fuirez alors dans la vallée de mes montagnes, car la vallée des montagnes s'étendra jusqu'à Atzel". "Voici la plaie dont l'Eternel frappera tous les peuples qui auront combattu contre Jérusalem; leur chair tombera en pourriture tandis qu'ils seront sur leurs pieds, leurs yeux tomberont en pourriture dans leurs orbites, et leur langue tombera en pourriture dans leur bouche. En ce jour-là, l'Eternel produira un grand trouble parmi eux; l'un saisira la main de l'autre, et ils lèveront la main les uns sur les autres. Juda combattra aussi dans Jérusalem, et l'on amassera des richesses de toutes les nations d'alentour, l'or, l'argent, et des vêtements en très grand nombre. La plaie frappera de même les chevaux, les mullets, les chameaux, les ânes, et toutes les bêtes qui seront dans ces camps". "Car la nation et le royaume qui ne te serviront pas périront, ces nations-là seront exterminées" (Esaie 60 : 12). "A chaque nouvelle lune et à chaque sabbat, toute chair viendra se prosterner devant Moi, dit l'Eternel. Et quand on sortira, on verra les cadavres des hommes qui se sont rebellés contre Moi; car leur ver ne mourra point, et leur feu ne s'éteindra point".

Tous ces versets n'ont pas besoin d'interprétation, ils s'expliquent eux-mêmes comme deux goutes d'eau de pluie. Le dragon c'est Rome, la bête c'est aussi Rome, et le faux prophète, c'est l'antichrist, le fils de la perdition. En effet, trois esprits vont vers les rois de toute la terre, afin de les rassembler pour le combat du grand jour du Dieu tout puissant. Vous n'êtes pas sans savoir qu'actuellement des nations déja se liguent contre Israel, et commencent à manifester ouvertement leur haine contre elle. Elles veulent qu'elle soit effacée de la carte. Ce n'est que le début. Vous les connaissez ces nations-là. Elles se rassembleront dans un lieu appelé en Hébreu HARMAGUEDON. Alors que le prophète Esaie nous affirme que la ville sera prise (Jérusalem), les maisons seront pillées, et les femmes violées; la moitié de la ville ira en captivité. Mais le reste du peuple ne sera pas exterminé de la ville. L'Eternel paraitra, et Il combattra ces nations, comme Il combat au jour de la bataille. Ses pieds se poseront en ce jour sur la montagne des Oliviers (JESUS-CHRIST), qui est vis-à-vis de Jérusalem, du côté de l'orient; la montagne des Oliviers se fendra par le milieu, à l'orient et à l'occident, et il se formera une très grande vallée; une moitié de la montagne reculera vers le septentrion, et une moitié vers le midi... Car la vallée des montagnes s'étendra jusqu'à Atzel. Et lorsque Le Seigneur Jésus descendra pour combattre les nations qui se rassembleront contre Jérusalem, voici la plaie que l'Eternel les frappera : leur chair tombera en pourriture tandis qu'ils seront sur leurs pieds, leurs yeux tomberont en pourriture dans leurs orbites, et leur langue tombera en pourriture dans leur bouche. Aujourd'hui, beaucoup de nations possèdent des armes chimiques et nuccléaires. D'autres qui n'en ont pas, essaient d'en frabriquer. Où en sommes-nous?

Au temps de la fin. Au moment où Le Seigneur Jésus va enlever Son Epouse-Parole.

*****

LES SIX BUTS DE LA VISITE DE GABRIEL A DANIEL LES INSTRUCTIONS SUR L'AVENIR

Ici s'étale tout le programme de Dieu pour son épouse et pour les 144000 dont douze mille sont tirés de chacune des douze tribus d'Israel (Apoc. 7 : 3-8). "Il dit : ne faites point de mal à la terre, ni à la mer, ni aux arbres, jusqu'à ce que nous ayons marqué du sceau le front des serviteurs de notre Dieu. Et j'entendis le nombre de ceux qui avaient été marqués du sceau, cent quarante quatre mille, de toutes les tribus des fils d'Israel : de la tribu de Juda, douze mille marqués du sceau; de la tribu de Ruben, douze mille, de la tribu de Gad, douze mille; de la tribu d'Aser, douze mille; de la tribu de Nephthali, douze mille; de la tribu de Manassé, douze mille; de la tribu de Siméon, douze mille; de la tribu de Lévi, douze mille; de la tribu d'Issacar, douze mille; de la tribu de Zabulon, douze mille; de la tribu de Joseph, douze mille; de la tribu de Benjamin, douze mille marqués du sceau". Donc, si une dénomination des gentils ou une religion organisée vous dit qu'elle est les 144000, alors, demandez-la de quelle tribu d'Israel vient-elle?

"Nous pouvons voir le temps où nous vivons. Combien nous en sommes proche. Daniel était en captivité pendant 68 longues années. De l'an 606 à l'an 538 avant Jésus-Christ, ôtez 538 de 606, il restera 68 ans pendant lesquels il était captif. Mais il avait les rouleaux de Jérémie. En étudiant les écritures, il avait vu que les temps étaient presque écoulés. Daniel croyait chaque parole que le prophète Jérémie avant lui avait prononcée. La Parole du Seigneur est venue aux prophètes, le "Ainsi dit le Seigneur". En étudiant les écritures, il a vu que les 70 ans avaient presque écoulés. Alors, il ne restait que deux ans encore, avant que Dieu ramène son peuple d'Israel dans leur patrie.

Pendant qu'il était en prière, un ange puissant est venu du ciel. Son nom est Gabriel, l'ange de l'église des Juifs. Il est venu à Marie, à Zacharie etc. Il lui a fait connaitre la destinée de cette nation sur cette terre. Il lui a dit que 70 semaines avaient été fixées sur son peuple (Juif) jusqu'à la ruine. C'est le temps de la fin. Pourquoi ont-elles été fixées? Pas seulement sur Daniel, mais sur la ville sainte de Daniel, Jérusalem. Où était Jérusalem? Qui a fondé Jérusalem? Quand a-t-elle été fondée? Et cette ville qui a été maudite il y a 2000 ans, sera reconstruite et rétablie. Et que le culte sera rétabli dans le temple, tout comme au commencement. Donc, il y aura un sacrifice, une offrande perpetuelle qui sera de nouveau à faire, tout comme au commencement. Les 70 semaines de Daniel couvrent la période qui va du départ de l'église jusqu'au retour de l'église. Pas la totalité des 70 semaines de Daniel, une partie. Or, il y avait six buts à sa visite, quand il est venu lui dire ce qui va arriver (Daniel 4 : 4, 9 : 24). "Soixante et dix semaines ont été fixées sur ton peuple et sur la ville sainte, pour faire cesser les transgressions et mettre fin aux péchés, pour expier l'iniquité et ramener la justice éternelle, pour sceller la vision et le prophète, et pour oindre le saint des saints". C'était tout le temps qui a été destiné aux Juifs, pendant leur voyage sur cette terre. Les 70 semaines vont révéler ce qu'il y a à partir de ce moment-là jusqu'à la fin des Juifs, et aussi jusqu'à la fin de Jérusalem, jusqu'à ce qu'une nouvelle ville soit construite. 70 semaines ont été fixées sur ton peuple et ta ville sainte. Pourquoi?

1) Pour faire cesser les transgressions. Israel a commis des transgressions contre Dieu; ce sera de détourner de Jacob les Impiétés. Pour voir cela, lisons (Romains 11 : 21). "Car si Dieu n'a pas épargné la branche naturelle (qui était qui? Israel), ne t'épargnera non plus. Considère donc la bonté, la sévérité de Dieu envers ceux qui sont tombés; et bonté de Dieu envers toi, si tu demeures ferme dans la bonté, autrement, tu seras aussi retranché. Eux, de même, s'ils ne persistent pas dans l'incrédulité, ils seront hantés. Car Dieu est puissant pour les hanter de nouveau. Il viendra un temps où les nations seront retranchées, et Israel rentrera à nouveau. "Si toi, tu as été coupé de l'olivier naturellement sauvage (les

nations), et hanté contrairement à ta nature", nous étions contre nature, des étrangers, sans miséricorde, sans Dieu, sans aucune espérance. Et Dieu dans sa miséricorde, pour nous donner une chance, à cause des transgressions, Il a retranché Israel qui était juste, et les a mis de côté, l'olivier cultivé, Il a fait entrer un Olivier sauvage contraire à sa nature, sur l'olivier franc, à plus forte raison seront-ils hantés selon leur nature sur leur propre Olivier. Car je ne veux pas frères que vous ignoriez ce mystère, afin que vous ne vous regardiez point comme sages. C'est qu'une partie d'Israel est tombée dans l'endurcissement jusqu'à la totalité des paiens soit entrée. Jusqu'à ce que Dieu ait fini de traiter avec ceux des nations. Israel était aveuglée. S'ils ont sombré dans le péché et les transgressions contre Dieu, c'est parce que Dieu a aveuglé leurs yeux pour que nous, les paiens puissions être greffés. Et ainsi, tout Israel sera sauvée. Qu'est ce que l'ange a dit? Qu'il viendra un temps où toutes les transgressions d'Israel cesseront. Dieu retranchera la branche sauvage, et greffera la vraie branche à nouveau. Pensez-y, Dieu a fait cela dans sa miséricorde pour que moi je puisse être sauvé. Il a aveuglé leurs yeux à leur propre Messie. Selon qu'il est écrit, le libérateur viendra de Sion, et il détournera de Jacob les impiétés. Il viendra sur la montagne de Sion un de ces jours. Sur la montagne des Oliviers, ils Le reconnaitront et tout Israel saura que c'est Lui. A ce moment-là, ce sera la fin pour ceux des nations.

Transgresser, c'est quoi? C'est d'aller à l'encontre de quelque chose. Commettre une transgression contre moi, c'est de me faire du tort. Commettre une transgression contre vous, c'est de vous faire du tort. Donc Israel a fait du tort à Dieu. Et pendant cette 70e semaine, qu'est-ce qui va arriver? Dieu va faire cesser les transgressions d'Israel. Ce sera de détourner de Jacob les impiétés. Alors tout Israel sera née de nouveau. Ils recevront tous le Saint-Esprit.

2) Second but de la venue de l'ange, c'est de mettre fin au péché. A quelle occasion Israel a-t-elle péché? Où ont-ils commis leur péché fatal? Où se sont-ils séparés de Dieu? Voici où elle a commis son dernier péché, et la raison pour laquelle elle est dans l'état où elle est aujourd'hui. "Le gouverneur prenant la parole, leur dit : lequel des deux voulez-vous que je vous relâche? Ils répondirent Barabbas. Souvenez-vous qu'il s'agit d'Israel. Pilate leur dit : Que ferais-je de Jésus qu'on appelle Christ? Ecoutez-les! Tous répondirent, qu'Il soit crucifié. Souvenez-vous, c'est leur Messie, dont Daniel avait dit qu'Il viendrait; qu'Il devrait être retranché pas pour Lui-même, pas pour quelque chose qu'Il aurait fait. Le gouverneur dit : quel mal a-t-il fait? Et ils crièrent encore plus fort : qu'Il soit crucifié! Pilate voyait qu'il ne gagnait rien, mais que le tumulte augmentait, alors, il prit de l'eau, se lava les mains en présence de la foule et dit : je suis innocent du sang de ce juste. Cela vous regarde. Ecoutez! Voici leur erreur, voici leur péché, et le peuple répondit :

que son sang retombe sur nous et sur nos enfants". C'est là qu'ils ont commis leur péché. Le Seigneur Jésus savait qu'ils étaient aveuglés; c'est pourquoi Il demandait avec larmes qu'ils soient pardonnés. Pardonne-leur père, car ils ne savent pas ce qu'ils font. Le péché, c'est quoi? L'incrédulité. Ils ne croyait pas qu'Il était le Messie. Et pourtant, Il avait accompli tous les signes du Messie. Mais quand Il reviendra, cela mettra fin à leur incrédulité (Zach. 12:10, 13:1) …

3) Pour expier l'iniquité. Qu'est-ce que l'iniquité? C'est choisir de faire le mal que vous savez être mal, au lieu de faire le bien que vous savez être bien.

4) Pour ramener la justice éternelle. Une fois la transgression d'Israel terminée, satan qui est leur accusateur, et notre accusateur, sera scellé dans l'abime. Quand? Quand la justice éternelle sera amenée. Quelque chose qui ne peut avoir de fin. Tout ce qui a été la cause de l'injustice sera alors supprimé (Apoc. 20 : 1-3). "Puis je vis descendre du ciel un ange, qui avait la clef de l'abime et une grande chaine dans sa main. Il saisit le dragon, le serpent ancien, qui est le diable et satan, et il le lia pour mille ans. Il le jeta dans l'abime, ferma et scella l'entrée au-dessus de lui, afin qu'il ne séduit plus les nations, jusqu'à ce que les mille ans fussent accomplis". "Car la terre sera remplie de la connaissance de la Gloire de l'Eternel, comme le fond de la mer par les eaux qui le couvrent" (Habakuk 2 : 14). Aussitôt que l'ange scella satan dans

l'abime, la connaissance de la Gloire de l'Eternel a rempli toute la terre, comme le fond de la mer par les eaux qui le couvrent.

5) Pour sceller la vision et la prophétie (Daniel 12 : 1-4). "En ce temps-là se lèvera Michael, le grand chef, le défenseur de ton peuple (Israel); et ce sera une époque de détresse, telle qu'il n'y en a point eu depuis que les nations existent jusqu'à cette époque. Ceci se passera au temps de la fin; c'est quand l'antichrist, ce cavalier du premier sceau sort, lorsqu'il est entré en scène jusqu'à ce temps-ci; pas à l'époque où Titus a pris les murailles de Jérusalem. Quand cet antichrist, ce prince qui devait venir, viendra, en ce temps-là, ton peuple sera délivré, quiconque sera trouvé écrit dans le livre sera sauvé. Ton peuple (Israel), sera écrit dans un livre. Et plusieurs qui dorment dans la poussière de la terre se réveilleront les uns pour la vie éternelle, les autres pour l'oprobre, pour être un objet d'horreur éternelle. Il parle du temps de la fin à la résurrection. Qu'est-ce? Cette révélation de Jésus-Christ et de Sa Puissance, de Sa venue du temps de la fin a été scellé jusqu'à maintenant. C'est ce que l'ange est venu faire. Daniel avait prophétisé ces choses, il les avait vues en vision. Et l'ange est descendu pour sceller la vision et la prophétie. Ils peuvent la lire, mais ils ne peuvent pas la comprendre. Jusqu'au temps de la fin. Qu'est-ce que c'est? La fin de la 70e semaine, au moment où ce prince, cet antichrist sera révélé; à ce moment-là, il se proclamme lui-même Dieu. ... Et moi Daniel, je

regardais, et voici deux personages qui se tenaient l'un d'un côté du fleuve, et l'autre de l'autre côté du bord du fleuve. Il dit à l'homme vêtu de fin lin qui était au-dessus des eaux du fleuve : jusque à quand la fin de ces merveilles? Et j'entendis l'homme vêtu de fin lin qui était au-dessus des eaux du fleuve, Il leva sa main droite et sa main gauche vers les cieux, Il jura par Celui qui vit éternellement que se serait pour un temps déterminé, du temps, du temps, et une moitié de temps". Là, nous arrivons en plein dedans. Quand nous arriverons au 70e semaine de Daniel, c'est là que les mystères seraient révélés. Et lorsque l'antichrist achèvera de briser la force du peuple saint, c'est quand il brise son alliance au milieu de la semaine. Toutes ces choses sont accomplies... "Et je dis Seigneur, quelle sera l'issue de ces choses? Il dit, va Daniel, car ces choses sont cachées et scellées jusqu'au temps de la fin. Plusieurs seront purifiés et blanchis et affinés, et les méchants agiront méchamment. Et aucun des méchants ne comprendra, mais les sages comprendront". Le message du temps de la fin le révèlera, le dernier âge de l'église. Le mystère de Jésus-Christ sera révélé. Un Dieu unique, non deux, non trois. On ne trouvera le mot trinité nulle part dans la bible, c'est-à-dire trois dieux. L'expression "en trois personnes" signifie la même chose.

6) Oindre le très-haut. Oindre le saint des saints. Qu'est-ce que c'est? Ce sera le tabernacle qui sera utilisé dans le millénium. Il est décrit dans (Ezéchiel 43

: 1-6). C'est la description du temple qui sera contruit pendant le millénium (Lévitique 8 : 10, 2 Chroniques 5 : 13) parlent de la dédicace du temple. La nouvelle Jérusalem est le saint des saints. Dans cette ville, le soleil ne se couchera jamais. L'Agneau qui est au milieu de la ville, sera la lumière (Apoc. 22, Esaie 65). Ceci se passe dans le millénium, pendant que le saint des saints est oint. L'onction, qu'est-ce que c'est? La joie de l'Eternel; créer Jérusalem pour la joie, et le peuple pour la joie (Esaie 11 : 1-9). Le rejeton dont il est parlé c'est le rejeton de David. Il est à la fois le rejeton et la postérité. Après les 70 semaines, l'épouse apparait dans (Apoc. 19 : 1-16). Après cette tribulation, après les malheurs, après les sceaux, après les fléaux, après que satan a été précipité, après que le millénium ait commencé, après ces choses, "j'entendis dans le ciel comme une voix d'une foule nombreuse dans le ciel qui disait : alléluia! Le salut, la gloire, l'honneur, la puissance sont au Seigneur notre Dieu. Parce que tes jugements sont véritables et justes. Car Il a jugé la grande prostituée qui corrompait la terre par ses fornications, et Il a vengé le sang de Ses serviteurs, en leur redemandant de sa main. Et elle dit une seconde fois Alléluia! Et sa fumée monte aux siècles des siècles". Ici, c'est la vieille église prostituée. "Et les 24 anciens, et les 4 êtres vivants se prosternèrent et adorèrent Dieu assis sur le trône, en disant Amen! Alléluia! Et la voix sortit du trône disant : louez notre Dieu! Vous tous qui Le craignez, Ses serviteurs, petits et grands! Et j'entendis comme une voix d'une foule nombreuse". Après que l'église est montée au chapitre 3 de l'Apocalypse, la voici qui vient (Verset 6). "Et j'entendis comme une voix d'une foule nombreuse, comme le bruit de grosses eaux et comme le bruit d'un fort tonnerre disant Alléluia! Car le Seigneur notre Dieu Tout Puissant est entré dans Son règne. C'est là qu'il y a les noces de l'Agneau. La voici qui arrive. Réjouissons-nous et soyons dans l'allégresse, et donnons-Lui gloire, car les noces de l'Agneau sont venues, et Son épouse s'est préparée. La voici qui arrive l'Epoux et l'Epouse. Et il Lui était donné de se revêtir d'un fin lin, éclatant, pur. Car le fin lin, c'est la justice des saints. Et l'ange me dit : heureux ceux qui sont appelés aux festins des noces de l'Agneau". Les 7 sceaux, les sept trompettes, les sept coupes, les 3 malheurs, la femme dans le soleil, le diable, ou le dragon rouge, et qui est précipité, tout cela arrive pendant ce temps-là, au cours de la grande période de la tribulation" (W.M.B.).

CHAPITRE SIX

LES CICATRICES DE LA DERNIÈRE PHASE DE LA HAINE PERPÉTUELLE DE L'EST CONTRE L'OUEST.

Revenons sur terre, laissons de côté le spiritualisme, examinons de plus près le profile de quelques uns des politiciens qui ont fait la pluie et le beau temps, au cours des moments les plus rigides et critiques de la politique impérialiste qu'ils ont pratiquée. Ce sont des architectes de la tyranie qui ont érigé des châteaux de cartes spéctaculaires et éphémères. Ils ont eu, évidemment, la réputation d'avoir des bras assez puissants et violents, qu'ils ont rêvé de contribuer à lier l'Est et l'Ouest, en jetant un pont traditionel entre les deux, en dépit de l'eau sale de la trahison, de rancoeur qui bout entre eux; et qu'à chaque fois qu'ils l'ont tenté, ils ont échoué. Si l'on veut bien comprendre, de tous les temps, c'est une lutte interminable et féroce, dans le sens de savoir, qui supplantera l'autre. C'est aussi comparable à du jus de citron qui n'est jamais compatible à du lait.

Combien de fois sommes-nous exposés aux plus grands bourasques de vents de la nature. Combien des fois, silencieusement dans notre coeur, nous crions au secours! Par les mines sérieuses que forment nos visages, on peut le comprendre facilement. A cette étape de la vie, nous nous attendons à voir surgir dans notre horizon des troupeaux d'âmes bien nées, souples comme du bonbon, prêts à nous secourir. Supposons que pendant notre vie passagère, en dépit de nos richesses, une fois sur mille, nous avions toujours eu besoin de l'aide du plus misérable et insignifiant d'entre nous. Parce que, en dépit de nos capacités intellectuelles, il y a toujours un noeuf difficile à dénouer, et qu'il faut que les mains expertes d'un autre individu, le plus souvent non attrayant, à pouvoir le défaire sans difficulté aucune. Des fois, vous, les riches, sont plus vulnérables, plus malheureux que les pauvres; et eux, "les sans avenir", dans leur maison en paille de latanier, ils sont enchantés de peu que la vie leur offre. C'est qu'ils sont pauvres, en dépit de tout, ils s'en résignent. Ils dorment à la belle étoile avec un sourire sur les lèvres, un sourire que vous autres cherchez et ne pouvez obtenir par vos influences et renoms. Parfois, vous sauttez comme des veaux dans une étable, vous dévallez des pentes sans avoir dans votre méninge la vue d'ensemble de ce formidable plan qui vous harrasse, vous encourage à vous égayer et voir à chaque instant que la vie est belle et rose, en dépit de quelque soit l'obscurité qui vous couvre; ce qui est drôle, ce contexte n'épargne ni prince, ni sujet, c'est une règle universelle à tous, comme la mort.

Bravo! Imaginons que le grand Jules César, l'un des piliers qui soutenaient le pont que nous sommes en train de décrire, à l'autre bout du temps qui allait prendre fin; et le pont de l'impérialisme s'est jeté sur l'abime qui sépare les deux alliances différentes, l'ancienne et la nouvelle. L'ancienne qui va disparaitre avant Jésus-Christ, et la nouvelle qui commençait avec l'arrivée du Seigneur de la destinée de toute vie, de tous ceux qui respirent, et d'une suite de conducteurs à même de transformer l'insignifiant en la chose admirable qui peut secouer son corps, et à la fois faire pleurer à son gré. "Et toi Brutus!", cria Jules César à son meilleur ami Marcus Brutus qui faisait partie du groupe de ceux qui l'assassinèrent ce jour-là. C'est comme un soupir de regret d'être la victime de sa trahison. Supposons qu'après avoir reçu le coup mortel, il eut le temps de prononcer un tout dernier discours dans son coeur agonisant, dans sa pensée troublante de regret, celui d'être comme un agneau servant de sacrifice aux intérêts d'une poignée de lâches à laquelle il s'est peut-être trop confié; laquelle, il serait capable de vaincre, s'il écouta les conseils de sa femme et eut la prudence de lire les notes que ses amis lui passèrent avant d'entrer dans l'édifice.

Que de discours j'ai pronouncés dans ma carrière, à cause de vous, peuple d'Italie. Que devrais-je faire autre pour mériter votre estime? Bien que déja inutile, puisque vous aviez coupé la tête du cheval que j'utilisais dans ma trajectoire! Je suppose que mon courage et mon dévouement n'ont pas été suffisants. Je suis né dans une famille aristocratique capable de prendre soin d'un garçon de ma trempe, soucieux, ambitieux, beau, intelligent. J'ai gravi les étapes de ma vie à l'aide de ma volonté et la passion d'être un jour l'homme du peuple, le réparateur de toutes les indifférences de ma nation. Avec tenacité, j'ai acquis tout ce que je possède.

J'occupais ici chez-nous, des postes assez importants tels que: j'ai reçu la couronne civique, le plus grand prix qu'offre Rome à celui qui a pu démontrer qu'il a du courage en défendant les intérêts de la nation. Dans ce cas, elle représente l'héroisme que j'ai témoigné à l'âge de vingt ans à cause de vous, cher peuple. J'ai détruit complètement l'ambition de Mithridate qui a attaqué l'armée Romaine pour la troisième fois en vue d'accaparer les provinces de l'Asie en l'an 75 (avant J-Ch). J'ai été aussi membre du conseil des prêtres. J'ai été nommé au poste de gestion de la trésorerie de l'Etat, assistant gouverneur de l'Espagne, "curule aedile"; dans cette dernière, j'ai organisé toutes sortes de jeux dans l'arène, afin de plaire à vous, peuple, et maintenir mon contact avec vous. J'ai été élu "Souverain Pontif" à Rome, plus tard, gouverneur de l'Espagne, et ensuite consule. J'ai vaincu des rois puissants afin de réhausser votre prestige de peuple, hisser bien haut l'étendard de notre chère patrie au sein même d'une Europe fratricide et de l'Orient. J'ai sauvé des milliers sous les coups de l'épée la plus tranchante des plus intrépides combatants. Il résulte qu'après tant de sacrifices, tant d'audace et tant de gloire, moi,

Jules César, le centurion, le gladiateur, le guerrier, le vainqueur, je suis en passe de mourir à cause de mon incrédulité, de ma stupidité, et à cause de tous ces triomphes! Que la politique est ingrate, éphémère, vouée à l'hypocrisie et à la traitrise! Qu'après vous avoir défendue par mon bras de fer, à cause de cette vaine gloire que j'ai saisie afin d'honnorer le drapeau de notre bonheur, vous, peuple, pour lequel j'ai vécu, combatu et dédié ma vie, traitreusement, m'a porté ce coup fatal jusqu'au coeur, où vos épées m'ont transpercé, honte à vous!

Au pieds de la faillite et du trépas, je vois déja la fête, les réjouissances mondaines des traitres, les apatrides, et la honte qui a revêtu tous ceux qui, autour de moi ont gagné dans ma défaite, une victoire définitive à cause de vous Rome, ma douce et chère patrie. Je ne regrette pas de vous avoir aimée et portée dans mon coeur. Moi, Jules César, continuerai au cours des années à venir, de boire de vos cuves magiques, même au-delà de la terre, dans vos jardins de fleurs parfumées, le vin qui m'a toujours plu, et mon orgueil de chef resterait pour toujours dans vos murs comme un symbole. Chaque fois qu'un étranger vous regarde, il se rappelera de mon nom, qui encore git dans la tombe; il fera ébranler de peur les lâches qui m'ont assassiné; et les hommes, après moi, sauront qu'il y eut un roi, un conquéreur chez-vous, une légende ici à Rome qui n'est autre que moi!

Et vous, Cicéron, homage à vous qui, après mon départ, allez courtiser l'amour du pouvoir; celui auquel, je sais que vous préférez plus que la vie. Avancez, et affrontez la fureur de votre peine. Vous, aussi, étant un grand guerrier, un grand philosophe, un grand écrivain, un grand orateur, par votre énergie, vous êtes une partie du pilier de ce côté-ci du pont impérial. Ne murmurez pas comme un fleuve qui dort, ne détruisez pas ce qui reste de joli dans l'arène du peuple. Construisez, ne détruisez pas. A votre tour, votre nom servira d'engrais dans les champs de la future récolte des forces de la belle nature. Et le monde bénéficiera de nos chers épies afin de faire germer d'autres bourgeons simulaires dans d'autres champs aussi vastes que les nôtres. Ils sauront que nous avions bien joué notre rôle d'antagonistes, et accompli avec beaucoup d'orgueil notre devoir humain, notre mission terrestre, avec joie et dévouement. Avec regret, le moment est venu pour moi de dire adieu, au revoir à vous tous; déja, je vois l'endroit magnifique où je vais me reposer. Je vous y attends; je sais que demain, vous tous y serez avec moi; alors, le jugement des oiseaux drôles comme vous, commencera. Je sais aussi, que la terre me sera légère; et que vos consciences seront alourdies. Elles pèseront assez lourdes devant ce tribunal, où vous et moi apparaitrons. A l'avance, vous pouvez en être certains, je vous ai pardonnés.

*****

Après avoir rassemblé toute l'Europe en une seule, sous une même ombrelle politique, l'Autriche, l'Espagne, la Russie, l'Italie, l'Allemagne, la France etc., évidemment, Napoléon n'avait peur de rien; il fut né, suivant son destin, d'être ce qu'il fut. Naturellement, après avoir rehaussé le prestige de la France, remodelé l'aspect socio-politique, économique, et géographique d'Italie, conquit l'Est, il aurait attiré l'estime inconditionel non seulement de ses partisans, mais aussi de la France entière; il aurait dû bénéficier de la somme de sympathie et de bravoure des compatriotes Français et Italiens surtout, après la défaite qu'il a subie en face des Anglais. Sa capture et sa séquestration à Saint-Héléna, auraient dû inciter à ces derniers, en dépit de tous les qualificatifs et critiques qu'il aurait mérités (Empéreur), de jouer le tout pour le tout, en vue de le libérer des griffes de ces lâches qui l'assassinèrent lentement; parce que, pour eux, permettez-moi de le dire, les Anglais avaient fait exactement ce qu'ils (Français) avaient hésité d'accomplir eux-mêmes; pour cela, ils ne tentaient pas de le délivrer, parce qu'ils avaient peur de lui et de sa réaction une fois en liberté; et tout cela se passait en présence de l'opinion internationale comme s'il était un vulgaire vaurien, et pour la simple idée de vouloir l'empêcher de réapparaitre sur la scène politique.

Et aujourd'hui, vous fêtez en son nom, vous avez le toupet de parler de lui comme un héro dont vous êtes très fiers! Honte à vous, du fait de l'avoir abandonné à son sort! Vous auriez dû réunir une armée assez forte, intenter un moyen de le délivrer. Ce geste, au moins, aurait sauvé votre honneur. Ce fut aussi, évidemment, une lâcheté de la part de vous, Anglais, qui profitiez du temps pour le tuer; et aussi, une lâcheté de la part des Français qui avaient un manque de patriotisme et de solidarité envers l'un des leurs. En un mot, vous tous aviez voulu vous débarasser de lui comme à une boite de détritus, si vous me permettez l'expression. En somme, ce n'est pas ainsi qu'on traite un homme d'honneur qui, une fois vous a sauvés la vie! Hélas! C'est ainsi que se manifestent des "lacunes d'imperfection" dans les gestes et tempéraments des hommes. L'ambition qui provoque la haine, sans hésiter, tue. Cette sorte d'exécution bizarre, aurait pu être évitée, si du moins vous aimiez vos prochains et votre époque. Tuer n'est jamais la bonne solution lorsqu'on a des divergences d'opinions et de caractère. Le dialogue est préférable que de commettre un meurtre. Le corps meurt et pourit dans la terre; à un certain moment de la durée, ce sera votre tour, puisque vous n'êtes pas Dieu. Mais l'esprit des conquêtes reste, et va continuer son oeuvre dans un homologue différent, et de son choix. Quant à moi, ce sera une honte de sonner de la trompette en son nom, à grands éclats, quand quelqu'un parle de lui dans l'histoire, parce que les autres avant vous, aviez failli de défendre l'honneur d'un des vôtres lorsqu'il vous nécessitait le plus au cours de sa vie. Qui sait! Vous auriez évité cette mort cruelle! Et cette gloire alors, aurait pu être vôtre pour toujours, en tant que peuple.

*****

Non sans risque, dans un terrain fertile, un arbre robuste a grandi au beau milieu d'un billion d'arbustes aussi vigoureux. Il a étendu ses branches tendres, afin de protéger ceux qui l'entouraient. Pendant longtemps, il les a tous abrités avec ferveur et dévotion. Un jour, un bûcheron qui vient de très loin, sans qu'il en eut besoin, coupa l'arbre protecteur en question. Les tous petits s'en plaignaient sans pouvoir rien faire. L'arbre géant avait reçu des coups mortels qui le succombaient, mais, une année après, des arbustes de mêmes espèces ont germé dans son entourage, ils ont envahi toute la zone. Dans un contexte plus grandiose et scientifique, il est à noter que la nature a créé des génies qui peuvent s'imposer à toutes choses qui sont contre l'épanouissement de la matière, prise dans un vaste champ magnétique, où l'inconnu est capable de produire, un néo-produit naturel.

Etant donné que Toussaint Louverture a grandi sous la protection du Baron de Liberta, intendant de l'habitation de Bréda, située au Haut du Cap, laquelle appartenait au comte de Noé; il eut, encore enfant, le devoir de garder les troupeaux qui s'y trouvaient. Heureusement, les compatriotes qu'il commandait, et lui, fréquentaient une école militaire naturelle de l'époque, pouvant leur permettre, à l'aide de l'instruction qu'ils avaient reçue d'elle, les moyens de détruire avec autant de tact et de bravoure, les camps de leurs ennemis. Ils étaient franchement guidés par leur bon sens et par le Créateur. Cet illustre chef des noirs de Saint-Domingue n'avait d'autre but que: la liberté, l'égalité et la fraternité pour tous. En d'autres termes, l'émancipation des esclaves sur la terre Saint-Domingoise. Voilà qu'à la fin du XVIIIème siècle, "Fatra Baton", le chef des révoltés eut presque toute l'Europe à sa trousse, juste pour l'empêcher d'établir un régime de justice chez-lui, à Saint-Domingue. Sur le coup, il était parti lui aussi, à la conquête de l'Europe, étant encore en chaire et en os dans les Caraïbes. On lui assigna des postes dignes de ses efforts, et des titres d'honneur. Napoléon a conquis l'Europe et l'Orient avec des milliers d'hommes bien équipés. Lui, avec ses va-nus-pieds, il a su jouer sa stratégie avec les moyens du bord, afin de refouler avec ardeur et zèle, les Anglais, les Espagnoles, les Français etc., l'Europe entière dans sa conquête pour l'indépendance des siens. Pour cette cause tant noble, l'Empéreur Napoléon Bonaparte l'eut fait enlever dans le but de détruire son rêve. Il se trompa. Il n'était pas le seul intrépide parmi les nègres à Saint-Domingue, il y en avait d'autres hommes courageux qui pouvaient lors, prendre en main la charge de réaliser les mêmes choses. Il (l'Empéreur) l'incarcéra au "Fort de joux" en France, où, en dépit des lettres qu'il lui envoyait, lui assurant qu'il était fidèle à son gouvernement, et qu'il était un homme de famille, et que dans cette geôle, sa santé était précaire, le priant de se prononcer à son sort. La France, par le biais de l'Empéreur, laissa périr lâchement l'un de ses fidèles serviteurs sans mot dire. C'était là, un crime odieux contre l'humanité; contre sa femme et ses enfants, et malheureusement, contre la jeune République noire du monde. Mais, rappelez-vous! Il est dit : "qui frappe par l'épée, périra par l'épée". En effet, des gens éloquents dissimulent leurs faux sentiments à son égard en prononçant des discours hypocrites qui se considèrent comme des jeux d'athlètes pratiqués chaque année sur sa tombe; ce crime est aussi impardonnable qu'innoubliable. L'Empéreur d'Haïti a été assassiné à sang froid, moralement et lentement à "Fort de joux" en France, le 7 Septembre 1803; tandis que l'Empéreur Français Napoléon Bonaparte subit le même sort à Saint-Héléna le 5 Mai 1821, soit dix-huit ans après la mort de l'Empéreur Haïtien, Toussaint Louverture. Entre ces deux généraux, il y eut une très grande similitude de caractère, d'habileté, d'intrépidité, de tenacité, de bravoure, et enfin, pour mourir. C'était ainsi, dirait-on, l'oeuvre du destin.

*****

Parmi les douze disciples du Seigneur Jésus, il y eut Judas. A cette époque précise, personne d'autre ne pouvait être Judas que celui qui a été créé spécialement dans le but de jouer le rôle de ce personage. Chaque individu, en quelque lieu qu'il soit sur la planète, est né dans un but bien déterminé. Les uns pour accomplir des choses glorieuses, et d'autres pour manifester le mal qui les anime, des choses les plus viles. Ce motif, dans tous les domaines, reste tellement vrai que, dans un pays comme l'Allemagne où peuple un nombre considérable d'intellectuels un tout petit bout d'homme apparut soudainement, et devint ce qu'il était, Hitler. Sa position sociale ne comptait pas, sa taille, son apparence, son niveau intellectuel ne pouvaient empêcher de se réaliser ce qu'il devait être. C'était son heure, l'heure durant laquelle, il devait séduire en premier lieu, son peuple. Un peuple qui, par peu de jugement en son concernant, a fait grandir son charisme, au point qu'il s'est transformé si vite au bout de la route, en le poison le plus violent contre le monde, le Chancellier du 3ème reich. Le prix de la séduction et de la convoitise en politique, se paie avec le remors, la confusion, et la défaite; et le regret des peuples qui, une fois convertis en "l'ascensseur express", propre à porter bien haut la devise d'un puissant adversaire qu'on ne peut, une fois au timon des affaires de l'Etat, déposer avec souplesse sur le sol d'un renvoi définitif. Parce que, toutes les propagandes qui ont été faites en sa faveur, témoignent de sa légitimité au pouvoir. En politique, tout début caresse l'espoir de se faire le mignon même si on est farouche; l'excès de vouloir s'exhiber sur sa bécane de trop tôt, aurait pu faire avorter tout projet d'étendre ses ailes à grandes envergures au bon moment comme bon lui semble. En bon tacticien, il faut d'abord enfreindre les lois actuelles qui sont contraires à son programme; élire des acolytes de même accabi, juste pour les mettre sur les rails, et étonner l'opinion publique. Puis, s'imposer. N'étant pas socialiste, il n'était pourtant pas un toqué, seulement un visionaire; un type qui a voulu à tout prix accomplir son rêve de répression contre les juifs et le reste du monde; et puis, il se contentait d'exercer de la violence contre tous les contrevenants par des comportements inhumains. Il opérait un mouvement circulaire très violent contre la paix sur la planète par le racisme et l'antisémitisme. Il voulait soumettre toutes les nations à sa guise, à son absolutisme extrême. Et les six million de juifs qu'il exterminait, et des centaines de milliers d'innocents qui perdaient leur vie, en sont la preuve. Animé des esprits malins, Hitler fut un bouc-émissaire au travers duquel le nazisme s'est identifié. Il fut le canal au travers duquel, tous les vampires du vingtième siècle eurent pu boire assez de sang qui soulageait leur désir de tuer; ils étanchèrent leur soif, ils étaient plus ou moins satisfaits avant de disparaitre. Comme il est toujours beau de couver la haine, surtout sur les faibles, et plus tard en récolter la tempête et la violence.

Hitler, Staline, Lenin, Karl Marx, Mao, Pinochet, Duvalier, Castro, Sadam, Al Assad, Kadafi, et tant d'autres encore, ne peuvent se soustraire de la liste des conducteurs farouches qui ont contribué à détruire l'homme, leur semblable. Leur tendance sur la scène politique n'était que d'étendre une philosophie type de démagogie et d'un cynisme absolu et sanguinaire. Et l'histoire est prête de témoigner quels étaient les crimes perpétrés par eux et leurs congénaires. Il vient à déduire que le marxisme et le nazisme, ne sont que la bête sauvage qui, voracement, dévore la question prédominante des classes sociales. Le théorême qui y est défini reste la notion qui mange les principes élémentaires les plus antiques des moeurs des peuples. Tandis que le communisme est un venin mortel, qui consiste à réprimer ses victimes, à baillonner tous les principes relatifs à la liberté, zombifier l'homme dans le but de le forcer à renoncer à ses aspirations, à ses droits légitimes et naturels, asservir son prochain dans un guhetto bien fermé, juste pour lui faire croire à un déterminisme varié totalitaire. Dans cette philosophie, vous travaillez pour la collectivité, dans le but de survivre, suivant les principes en cours. Et vivre d'une manière ou d'une autre, afin de subsister et respirer encore. On vous contrôle, on vous surveille, vous êtes dans un camp de concentration psychologique. Vous n'avez aucune prévision sur le future, c'est à dire, vous aspirer à pouvoir gagner votre vie, accumuler des billions de dollars pour l'avenir de vos enfants, de votre famille. Posez-vous la question, où allez-vous en trouver, si le régime en place ne vous ouvre pas les écluses des cieux. Vous pouvez jouir d'un traitement supérieur à celui de la majorité, dans le cas où vous avez la qualification. On vous pourvoit certaines choses, et vous n'avez particulièrement rien.

Pendant ce temps, le capitalisme vous offre grandiosement la liberté, toutes sortes d'opportunités, de la richesse, du loisir, du plaisir. Evidemment pour ceux qui ont découvert la voie qui mène dans ces paradis. Mais il vous retient captif à travailler sans répit pour payer les factures et les taxes. Sous les regards de cet aigle intrépide, vous ne vivez pas pour vous-même, et jouir vraiment de la vie, mais pour satisfaire les besoins de vos soucis. Vous n'avez pas assez de temps pour vous détendre, il est limité par la machine électronique qui vous attend à l'heure exacte, pour contrôler votre entrée et votre sortie dans votre travail. Si vous ratez vos quarante heures par semaine, vous ne mangerez pas, on vous foue à la porte, c'est tout; on prend la voiture sur laquel vous aviez déja payé dix-neuf mille dollars sur les vingt mille. Donc, vous vivez pour votre profession plus que de jouir la vie. Quand vous arrivez chez-vous, vous n'avez pas envie de faire l'amour, vous êtes trop fatigué, vous dormez à poings fermés. Ceci est un mauvais pion dans le jeu des foyers. Il provoque des divorces. Vous n'avez pas de temps pour votre femme, pour votre mari, et pour vos enfants. En fin de compte, ils deviennent des délinquents; puisque maman et papa sont au boulot pendant seize heures de temps presque tous les jours; la personne indiquée ne les surveille pas, leur éducation est perturbée.

Le capitalisme vous permet de travailler à tue-tête pour un salaire qu'il reprend de vos mains aussitôt que vous le recevez. Vous avez à payer des taxes dans votre travail, et sur chaque article que vous achetez, et sur chaque chose que vous entreprenez. Et à la fin de l'année, le gouvernement déclare que vous aviez gagné trop d'argent, vous lui devez X et Z. Vous êtes esclave à payer un hypothèque tout le long de votre vie, répondre positivement tous les mois pour la voiture que vous roulez. En règle générale, l'argent entre dans votre main droite, et en sort obligatoirement de la même manière. Il est beau, mais vous ne pouvez pas l'économiser. Vous passez ainsi soixante-cinq ans à suer votre front sans rien avoir de gain. En bon terme, vous aviez travaillé pour l'Etat et non pour vous-même. Vous aviez mal mangé, mal logé, vous vous fatiguiez pour rien. Tout cela est déterminé à la base, à partir du choix d'un minimum de salaire que les hommes de loi avaient fixé pour vous, pour le pire ou pour le bien de tous.

Autrefois, vous aviez un faible espoir sur la sécurité sociale; de nos jours, les choses regressent de telle sorte, que les politiciens parlent de vouloir enlever cette possibilité de vos mains, vous faissant perdre cet argent pour lequel vous aviez subi tant de peine à mettre de coté pendant soixante-cinq ans de pénibles labeurs. En plus, ils commentent de vouloir éliminer les déductions des taxes, juste ce qui permet aux familles d'avoir un soulagement économique, et qui sert aussi à énergiser l'économie du pays. Sachez bien, quelque soit le Carrefour, le chemin que vous aviez choisi, vous êtes le perdant. Le paradis sur terre n'existe pas; bien entendu, pour la majorité. On est au temps de la fin, le jugement de Dieu est proche.

Vous passiez votre jeunesse à vous préparer dans une université pour le future; à la fin de vos études, vous êtes dans l'anxiété, vous demandant comment payer ce que vous devez, à cause de votre éducation, au gouvernement. La dette est excessive. Vous n'avez pas le choix; en dépit de vos diplômes, vous vous mettez toujours en rang pour marquer votre carte d'entrée et de sortie comme le vulguaire. Les patrons vous insultent et vous renvoient quand ils veulent comme tout le monde. Que faire! Vous êtes toujours vulnérable, instable en dépit de vos talents. Je crois que le remède est de choisir un sujet dans lequel vous pouvez jouir de votre indépendance. Vous ne dépendrez de personne, vous vous contrôlerez vous-même sans peine.

Chez le médecin, on ne joue pas. On vous donne des factures exhorbitantes, sans oublier les tests et les médicaments. Si on n'a pas d'argent on meurt. Pour moi, il est logique que dans un milieu où l'on a en abondance des usines qui fabriquent les médicaments, et les appareils capables de définir quel mal souffre un patient, un terrain sur lequel grouillent des gens qualifiés, des médecins ayant des titres multiples, la clientèle n'aurait pas à dépenser tant d'argent pour une consultation. Il y a des petits pays qui offrent des cliniques gratruites à leur population. Alors qu'ils n'ont absolument rien comme matériels de travail sur place, pouvant faciliter leur tâche. On ne les exploite pas ainsi. Et ces patients reçoivent un bon service.

Lorsqu'on appelle une compagnie d'assurance, si vous êtes diabétique, asthmatique etc., on ne va pas vous accepter. Alors les bureaux d'assurance de santé, apparemment, ne sont pas faits pour les gens qui sont malades, mais pour ceux qui sont en bonne santé. Alors, pourquoi en vend-t-on de l'assurance? Partout où j'ai jeté les regards, c'est sur ce sol géant que la santé coûte le plus cher. Que les malheureux périssent!

Aussi, dans un dialogue de routine, un avocat me disait que si un client n'a pas assez d'argent pour payer les services de quelque soit l'homme de la loi, il n'y aura pas de justice même si elle devait être rendue au client. A cet effet, il n'y a pas de justice sans argent même si on a raison. On doit avoir de quoi payer toutes les factures d'un avocat jusqu'à la fin d'un procès pour pouvoir avoir justice. Sinon, l'homme de la loi abandonnera le cas, et le juge vous enverra un ultimatum; puis, annule le procès lui-même dans un certain délai, même si vous aviez raison. C'est formidable ce point d'exclamation, et il est effrayant pour les pauvres!!! Tout le monde dans le système capitaliste est zombifié dans sa spécialisation; c'est-à-dire, celui qui, après ses études secondaires, va à l'université soit pour devenir un médecin, un avocat, un pharmacien etc., il connait bien sa profession; il est robotisé à travailler durement dans cette branche qu'il connait bien sans cesse. S'il est chez-lui avec sa famille, ou dans un concert etc, on l'appelle; qu'il aille immédiatement à l'hopital. Il ne peut pas jouir d'un moment de détente.

Tous les jours, dans tous les coins du pays, tout le monde se lève à la même heure comme un robot pour arriver à temps à son boulot, et faire en sorte que sa carte soit marquée par l'horloge qui ponctue l'entrée et la sortie des employés. Observez bien cela, dans les quatre coins du pays, tout le monde fait les mêmes gestes, et retourne à la maison à la même heure. On pert l'équilibre, on n'a pas de temps pour lire, écrire, réfléchir, se reposer. Le système vous gobe; il vous fait oublier qui vous êtes, et ce que vous voulez; sinon, vous préoccuper que vous avez constamment des factures à payer. Ce système n'a fait que former des robots, et quand celui-ci a une panne quelconque, on le jette dans un coin; peu importe combien important il était, on l'oublie. C'est pouquoi, si vous avez l'habitude d'aller à un "nursing home", vous y rencontrez ces gens allongés dans un lit, ou assis dans un fauteuil. Si vous leur demandez, de quelles branches s'occupaient-ils dans leurs carrières? Certains vous répondraient: j'étais un avocat, à un autre, j'étais un colonel dans l'armee, moi, j'étais un aviateur etc.

En dépit de tout, Je dois vous assurer sincèrement, si j'avais le privilège de choisir, je préfèrerais mieux ce système que tous les autres. Parce que, j'aurais plus de chance de réaliser mes rêves, s'ils étaient destinés pour moi. Je pourais tout bonnement le supporter; il est mieux appréciable et acceptable.

*****

Dontés par la boulimie du pouvoir, après la deuxième guerre mondiale, les conducteurs du monde de l'Est et ceux de l'Ouest, pesaient lourd sur la balance de la détente; c'est-à-dire, quand on parle des rapports de foces bilatérales. Le nouveau Est toujours en contact permanent avec l'ancien Est, les Arabes et leurs amis, le nouveau Ouest et ses alliés s'engagent dans une véritable lutte de surpassement très surprenante, économiquement, scientifiquement, en fabriquant des armes les plus sophistiquées et dangereuses que le monde ait jamais connu avant. Ces deux encadrent bien les prédictions du temps, en ce que le fer et le plâtre pouront faire des alliances humaines, mais ne se mélangeront jamais. Réellement, l'homme a foulé le sol de la surface de la lune; tandis que ici, en-dessous, il marche non sans précaution, sur un baril à poudre. Marx, Lenin, Brejzhnèv, Castro, Gorbachow, Khrouchtchèv, Mao etc., furent ceux qui tracèrent la destinée du monde de l'Est pendant des décades. Et ceux qui, dans l'hémisphère Ouest, étudiaient point par point, minute après minute, les limites qui existaient entre une imminente catastrophe à l'échelle mondiale, et une évaluation moderne de l'importance d'une vie; ils surveillent sûrement l'équilibre, cette possibilité en retenant leur nerf entre leur méninge et leurs doigts, jusqu'au moment où les masques tombaient des yeux de ceux qui sont postés derrière les murs de l'Est, laissant libre accès à tous ceux qui grinçaient les dents, à trouver la voie de la liberté et de l'espoir. Donc l'aile Ouest était conduite par tous les chefs d'Etat des E.U.A., depuis après la deuxième guerre mondiale à nos jours; puisque l'oeil du Grand JE SUIS domine encore le sommet de la pyramide en Amérique. Ce diagrame se figure au verso du dollar Américain. Il a promené son regard comme un projecteur ultra-puissant sur la carte mondiale, parce qu'il typifie une puissance spirituelle. Il est bon d'ajouter que, George Washington, Abraham Lincoln et leurs compatriotes, ont pourvu à cette terre-ci, le droit à la liberté comme un exemple universel, un acte définitif, F D R, Kennedy, qui ont contribué à la bravoure d'une grande nation, Martin Luther King, qui a changé la mentalité de la majorité, par son sacrifice; il a joint les mains de l'impossible à celles de ses principes; Reagan, qui a pris le contre-pieds, le risque de briser le bouton rouge du détonateur, en gagnant par sa témérité et sa persistance, la guerre froide avec des armes de justesse, son cerveau, son élégance, et sa bouche. Tous ces hommes et bien d'autres, ont agi pour le bien de l'équilibre de la détente, et d'une balance stable de la démocratie à prêcher.

*****

Comme Dieu a besoin d'adorateurs afin d'être Dieu, un "leader" a aussi besoin des multitudes pour obéir à ses principes. Il n'y a rien de mal d'être un conducteur, mais il doit être bon, conciliable, honnête, sage, juste. L'essentiel est la conduite qui est à respecter comme un vrai modèle. Bon nombre de "leaders" se trompent, ils dirigent leurs troupeaux sur une mauvaise voie; ils les tuent. Ils les conduisent directement à la boucherie tout en ayant à l'esprit, l'idée de faire du bien. Un vrai conducteur ne ment pas à son peuple. C'est un désastre qui sent mauvais comme la défaite, et la tromperie. Il doit conserver son intégrité, son amour à travailler pour le bien de tous sans distinction aucune. C'est là qu'on peut croire en lui, et avoir du respect total à son égard. On ne lui perdra pas confiance, s'il peut assurer par sa conduite et sa droiture, qu'il est bon, intègre, et travaille dans l'intérêt de tous les citoyens de son pays. Son but c'est d'enseigner par ses aptitudes et ses attitudes, la sagesse et la paix, créer de la sérénité dans l'esprit des siens.

Il y a des pays qui aiment la tranquilité, comme la Suisse, le Danemarque, la Belgique, la Norvège, la Hollande etc., en Amérique, il y en a aussi plusieurs; ils n'ont jamais troublé la paix du monde que de servir d'intermédiaires entre les partis. Un exemple d'homme de paix fut Mahatma Ghandi. Il fut un grand conducteur. Il a libéré l'Inde en 1947 de la mainmise Britanique avec la simple méthode de non-violence. A cause du rêve qu'il nourrissait pour son pays, il fut assassiné à l'âge de 78 ans en 1948. Il y a aussi le Dr Martin Luther King, qui fut un homme de grand Coeur, un bon exemple de conducteur. Il a voulu libérer son peuple des chaines de la misère, du mauvais traitement, du racisme, de la discrimination. Puisqu'il aimait tant sa terre natale, il n'avait pas voulu faire du mal à ses opposants en protégeant les siens; il ne les avait pas distribués des armes à feu pour obtenir ce qu'il cherchait, il les armait de préférence des mots de paix, des discours qui évoquaient l'amour fraternel, du patriotisme avant tout. Même après sa mort, ses idées ont réussi à convaincre la majorité que son plan était pour le bien de tous.

Le mot conducteur se compare à une ile isolée au milieu d'un océan sauvage et profond. Chaque fois que les quatre vents s'y croisent, elle est comme plongée en-dessous du niveau de la mer, et ne peut être vue de loin. Et quand ils s'arrêtent de soufler, l'ile émerge afin de voir une toute autre fois les yeux multicolores de la nature, représentés par le ciel bleu, les nuages, l'immense bassin bleu qui devient totalement docile comme un nouveau né; le soleil, la lune, les étoiles, réflétant leur lumière au-dessus, parlent plus fort au coeur le plus dévasté qu'ils consolent. Ainsi, il convient qu'un homme seul, ne peut pas décider de la destinée d'un monde calme, parce qu'il peut perdre le contrôle d'un monde agité et bouleversé.

Je ne partage pas leurs opinions, mais, il vaut la peine de souligner avec beaucoup d'attention, l'attitude de trois hommes d'Etat dans le monde. Ils sont contre les méthodes politiques des Etats-Unis d'Amérique, et pourtant, ils rentrent d'habitude à New-York pour participer dans des conférences de l'O.N.U. sans hésiter. Dans leurs discours, ils critiquent comme bon leur semble le système comme s'ils étaient chez-eux. Il est remarquable qu'ils sont réellement braves, parce que, personne ne se permettra le droit d'entrer dans le salon d'un ennemi pour l'injurier chez-lui. Non! Il vous faut du cran.

Pourquoi se comportent-ils ainsi? Vous, Américains, devriez en être très fiers. C'est une démonstration qui affirme que la démocratie est à son paroxysme, et reste la force qui gobe l'insolence et la supporte. Ce qu'ils ne peuvent essayer nulle part ailleurs, même s'ils avaient été protégés diplomatiquement; ils savent clairement que, sur toute l'étendue de ce territoire, la liberté d'expression n'est pas encore baillonnée.

Ce sont Fidel Castro, Mahmoud Ahmadinejad, Hugo Chavez.

$$*****$$

Aussi, au nom de la démocratie, une philosophie construite sur la base de l'esprit de l'égalité, de l'union, de la solidarité, de l'entente, de l'esprit du progrès, de la liberté d'expression et de religion, de la balance des opinions d'un peuple qui consent que, l'idée de la majorité est le mécanisme et la dynamique qui font tourner le moteur de cette super-force, qui est comparable à une torche allumée, placée au-dessus de la pyramide des temps, afin de dominer sur les slogans et les opinions politico-religieuses de ce dernier âge.

Cependant, considérons les explosions de la révolution actuelle des peuples du moyen-orient, qui consistent le cri d'alarme qui vise de changer leur mode de vie, se ranger au côté des nations de l'Ouest, afin de pouvoir, politiquement et économiquement, jouir de leur liberté, se débarasser définitivement des étreintes dictatoriales qui les purgent, il y a des millenaires durant.

Evidemment, lorsqu'il s'agit des peuples qui vivent dans le voisinage de l'Etat d'Israel, leur plus grand but, c'est de défendre leurs territoires, et l'Islam, leur religion. Cette région, depuis des millénaires, n'a pas changé. En dépit de l'évolution scientifique que le monde a connue, en dépit de leur éducation, du pétrole qu'ils ont, des appareils de communication qui les relient avec le reste du monde, ils conservent leur comportement, leurs conceptions, et leurs sentiments radicalistes qui les animent depuis des temps reculés dans leur histoire.

Peu importe combien les pays de l'Ouest se sacrifient à les introduire aux principes de base de leur civilisation, ils sont habitués à des méthodes féroces innées dans leur conscience et leur culture, il serait très difficile pour eux, de divorcer avec l'ancien système, de changer leur mentalité qui est caractérisée par la violence et le cynisme de leurs actions, qui démontrent qu'ils vivent encore, en ce vingt-et-unième siècle, à l'état primitif, dans leur esprit et leur conduite. Ils aiment, à ce qu'il parait, la démocratie, qui n'est pas simplement un mot, mais, un mode de vie bien balancée dans le respect des structures et les intérêts de tous; ils veulent l'adopter, mais, ils ne comprennent pas encore ses principes, ni ce que c'est. Tuer, massacrer vos frères, vos soeurs, vos cousins, vos amis, vos voisins, votre peuple, est la manifestation du signe symbolisant la démonstration d'un barbarisme cruel et extrême.

CHAPITRE SEPT

OBJET COMMUN

Avant la renaissance, l'homme, pionnier de nouvelles aventures, s'est, avec curiosité, intéressé à explorer le globe terrestre et à bien connaitre son entourage. Il a pu au cours des décades écoulées, aller à la découverte de l'espace, et poser ses pieds sur la lune. En dépit des risques à prendre, ses espoirs se basent sur des progrès à accumuler, en vue de s'y installer. Traumatisé, l'on se demande s'il ne va pas y fuir, pour conserver les races d'homme, loin des troubles qui les menacent.

Le spiritisme, la politique, l'asservissement, les maladies infectueuses, la vie chère, les bruits de guerre, la hausse du prix du baril de pétrole, le racisme qui bout en catimini comme un volcan dans la société, le "zinglindoisme", le chaumage, l'injustice, la délinquence, l'assassinat en bloc des gens paisibles, le terrorisme, forment des légions de démons lâchés par nous, pour infecter nos plaies, hisser en berne l'emblème de la civilisation; cet emblème tacheté du sang d'innocentes victimes qui, de siècle en siècle, dans la honte, tendent à disparaitre sous les coups de l'envahisseur, leur semblable.

L'Aménie, les Malouines, l'Azerbaidjan, le Panama, la Croatie, la Georgie, Haïti, le Kazarkhstan, l'Ouzbékistan, la Moldova, l'Irak, le kirghizistan, St Martin, la Slovénie, le Tadjikistan, le Turkménistan etc., sont des pays foulés aux pieds par des grands. "Tout individu a droit à la vie, à la liberté et à la sûreté de sa personne". De concert avec la philosophie, la société a inventé la servitude; elle a su porter au premier rang les blancs au mépris des noirs. Des êtres courageux à la peau d'ébène, distribués partout sur la planète, morcelée par des définitions philosophiques qui l'ont politisée, polluée. Il ne devrait pas être ainsi. Elle ne devrait pas être morcelée, divisée comme dans le cas d'une propriété personnelle. Tout le monde devrait pouvoir vivre là où il veut sans les "ismes", sur une terre unie, où la haine est détruite, sans bruit de guerre; tout un chacun regarderait son prochain comme lui-même, compatir ensemble la bonté qui brille dans les rayons de lune et du soleil qui apprendraient à l'homme de s'aimer l'un l'autre au lieu de se haïr; d'essayer de vivre l'un à côté de l'autre sans rancoeur, sans jalousie, sans envie, sans se donner la mort. Ce serait d'ailleurs, un paradis. Tout le monde a quelque chose de bon en lui. La conscience est un conseiller qui ne manque pas d'attendrir, de parler au coeur des gens lorsqu'ils commettent une bêtise, une erreur, un crime. C'est pourquoi, quand cette conscience est convaincue qu'elle est réellement coupable, elle commence à se reprocher elle-même, et à pleurer. Même l'homme le plus cruel, a un certain moment de la durée, est en train de réfléchir. Alors, l'homme cesserait de porter le nom d'un parcel de terre. Je suis Japonais, je suis Chilien, Canadien, je suis Americain, n'existerait pas. Il n'aurait pas à convoiter les biens d'autrui jusqu'à provoquer des guerres pour entrer en possession de ce qui ne lui appartient pas. C'est de la piratrie, du vol à mains armées, de l'ingérence, de vouloir soumettre les autres par la force, afin de jouir de ce qu'ils possèdent. Cette hégémonie est mal, très mal pour la paix et la sécurité de la société entière.

Cette civilisation a enseigné aux uns et aux autres les secrets de la nature par la science; les secrets du succès par l'hypocrisie et la haine. Lorsqu'on montre ses dents, on a tendance d'avaler le moucheron qui est en face de soi. On ne rit pas, on gronde en silence du tréfond du coeur; on mijote des choses obscures que seul sait le Grand Je Suis. Cette civilisation prêche le : "ôte-toi, et que je m'y mette", le "mounpaisme", c'est-à-dire, le fanatisme, l'égoisme qui institue des chismes au milieu des peuples, des familles et des tribus. Néanmoins, étant la fille ainée de la civilisation, la politique est la mangeuse d'homme, le vampire inassouvi, un acteur habile à faire étalage de ses talents sur la scène des temps. Elle consiste à agréer votre liberté tout en choisissant une place spéciale, prépondérante au-dessus d'elle, dans l'optique de la garder captive de son système illogique d'exploitation. Aussi, il faut faire très attention à ce qui suit : celui qui augmente sa science, augmente sa douleur. La science a fait des merveilles, mais elle a contribué aux douleurs atroces de la planète, et à la peur universelle. Plus elle draine chez-elle vos resources, plus elle vous humilie et vous malmène.

Toutes les découvertes ont ouvert les yeux de l'homme à faire des progrès. Mais, ces mêmes exploits peuvent être employés dans les moindres détails contre sa paix. Ils ont donc, des effets contraires. Le même fusil qui sert à chasser des gibiers pour vous nourrir, il peut de même vous protéger et vous tuer. La politique suce votre sang en sorte que soit affaiblie votre unité, symbole de respect, de votre fierté et de votre culture. Ces mots très significatifs et importants dans un dialogue de détente, culture, civilisation, respect etc., suscitent un moyen d'analyser de près leur orientation, leur présentation dans la langue vulgaire, plus ou moins sociable, comme le canal à travers duquel l'égocentrisme de l'homme se concentre; disons, ces vocables, techniques des tacticiens ont vu le jour pour réclamer pour eux-seuls les coutumes qu'ils ont créées et vu s'évoluer dans un milieu d'ambiance intellectuelle, et même populaire, qui ne se trouve pas quelque part d'autre, juste pour primer sur les gens simples et la réalité. Donc, c'est immédiatement une culture, un modèle que le sage veut qu'on respecte; pour lequel, il aimerait perdre tout son temps à propager. Puisqu'il y a des opposants, des gens qui aiment le contraire, la politique est née pour imposer ses règles et ses droits. La répression, sur le champ, a fait son apparition, d'où le début de l'opposition, des tumultes et des controverses. A remarquer, il y a des questions qui peuvent être répondues par n'importe qui; c'est clair. Il y en a d'autres qui paraissent si simples, que même des érudits sont incapables d'y répondre, parce qu'elles ont été formulées avec des mots identiques à la terreur, et contiennent des noeuds gordiens. Alors, autant qu'on essaie de trouver la solution, autant confuse et catastrophique est la raison face à ce phénomène camouflé d'imprudence. Je répète après le prophète des derniers temps, William M. Branham : "ce genre de civilisation amène la guerre. Et plus nous devenons civilisés, plus nous avons de guerre. L'un essaie d'être plus civilisé que l'autre, et celui qui est plus civilisé fait plus de guerre". Tandis que, si on parviendrait à remplacer la lutte de surpassement, la politique, la haine, les sciences ocultes, l'exploitation qui est identique au zombitisme, la vengeance, la discrimination, le racisme, par l'amour, l'égalité, le respect mutuel, la fraternité, la bonne entente, le pardon qui attire la grâce, le monde serait transformé en un paradis.

Plus j'ai dans le coeur de vous aimer, plus le cosmos deviendrait charmant et agréable. Le goût de vivre trouverait sa place, sa vraie place comme un ruisseau frais qui coule en nous. Son doux murmure chasserait le désespoir. La peur d'être massacré, tué comme un chien au coin de la rue serait dissipée. La paix règnera. La tempête des "revenants" (zombi"), exploitation abusive d'un peuple invisible, soumis à l'expérience de nos sciences ocultes, fruit de nos ambitions et de notre haine, se stopperait. La paix, enfin, serait établie. Toutes ces forces de la natures seraient anéanties, parce que ceux qui souffraient des douleurs atroces reconnaitront qu'il est important que d'abord, les blancs entre eux doivent apprendre à aimer les blancs, et que les nègres en font de même. Ces deux groupes se sympathiseront, se protégeront, et parviendront à expérimenter ce commandement merveilleux du Créateur : "Aimez-vous les uns les autres ..." (Jean 15 : 12). Ils sauront qu'ils sont tous poussière, et ils retourneront à la poussière. C'est inévitable, nul n'en est exempt. Tous les maux sociaux cesseront, et l'homme aura goûté du bonheur réel.

Je sais que cette perspective, cette société juste que nous rêvons, en dépit de nos efforts, ne peut pas être instaurée par des humains. Mais un jour viendra où "le loup et l'agneau paîtront ensemble. Le lion, comme le boeuf, mangera de la paille. Et le serpent aura la poussière pour nourriture. Il ne se fera ni tort ni dommage sur toute ma montagne sainte, dit l'Eternel" (Esaie 65 : 25).

Puisque le monde, à des époques innoubliables, a vu naître des génies, qui, malgré leur maîtrise, leur opinion, leur haute connaissance, et leur immense pouvoir, n'ont pu, en aucun temps, pacifier, unifier les habitants de la terre; à chaque fois qu'ils essaient de les unir, le destin vient briser les liens. ils ont failli par manque de vertu spirituelle, un manque de révérence vis-à-vis de la Bible, par incrédulité aux conseils de Dieu. Le parquebot de tous ces rois, depuis Nimrod jusqu'à ce jour, a fait naufrage sur la mer houleuse des ténèbres, des attractions du diable et des démons. Il n'y a qu'un seul Etre capable de remplacer la haine par l'amour, c'est Jésus-Christ, Le Seigneur. Il est l'Amour et la Vie, "la Pierre qui s'est détachée de la montagne sans le secours d'aucune main, qui va frapper bientôt les pieds de fer et d'argile de la statue, et la mettra en pièces... Et la Pierre qui va frapper la statue deviendra une grande montagne, et remplira toute la terre". (Daniel 2: 34-35) Le système de ce monde sera disparu. Le Seigneur des seigneurs règnera; les incrédules seront jugés, condamnés.

On entendra jamais parler de socialisme, de Marxisme, de capitalisme, de communisme, des nations-unis, de KGB, de CIA, de FBI, de crime, de guerre, de prison, d'hopital, de maladie, de souffrance, d'abus, de sociétés secrètes, vaudou, Catholicism, franche maçonerie, oeucuménisme, comité de 300, table ronde, Rome, l'Union Européenne, mafia, de préjugé, de racisme, de religion, de sénateur, de député, de congrès, de grève, de président, de prince, de princesse, de roi, de reine, de classes sociales, de blancs, de noirs, etc. Tous les systèmes de ce monde disparaitront totalement. Donc, ce sera la chute de tous les pouvoirs. Ils toucheront à leur fin.

Je suis si heureux d'être le serviteur de Celui qui a créé toutes choses. Il n'a jamais institué des religions, ni des dénominations; d'autant plus, elles se liguaient ensemble pour crucifier le Seigneur Jésus à la croix. On peut citer quelques unes : la religion des scribes, celle des pharisiens, celle des saducéens, celle des docteurs de la loi, celle des Heurodiens. etc. Heureusement, Il est sorti vainqueur de la mort, il fut ressuscité. Il est vivant. Par Lui, si nous croyons dans Sa Parole révélée, par Son sang pur qui a été coulé pour nous racheter de la condamnation, nous qui obéissons à Lui, avons la vie éternelle. Personne n'est au-dessus de Lui. Tout genou doit fléchir devant Lui. Il est Le Premier et Le Dernier, l'Alpha et l'Oméga; Le Seigneur des seigneurs qui nous a donnés gratuitement Sa Vie. A Lui soient la Majesté, la gloire et l'honneur aux siècles des siècles.

"La civilisation a fait comme le soleil. La plus vieille que nous avons est celle de la Chine. Où le Saint-Esprit est-il descendu? Sur le peuple de l'Est (Orient). L'Evangile a suivi le même trajet que le soleil. Il est parti d'où? De l'Est, il est allé en Allemagne. Il a traversé La Manche pour aller en Angleterre. De La Manche, il a traversé l'Atlantique pour aller aux Etats-Unis. Et maintenant, il est sur la côte Ouest. Il a traversé le pays qu'il a civilisé. Il va retourner au point de départ, vers l'Orient (l'Est), aux 144000" (W.M.B.).

Encore un peu de temps, le Seigneur Jésus-Christ viendra régner. Alors, le monde connaitra la paix, la vraie paix, le repos et l'abondance. Son règne sera un règne d'Amour. Zacharie le prophète a dit : "vers le soir, la lumière paraitra". Ce qui est évident, incontestablement, nous vivons au temps du soir, où l'Elie de (Malachie 4 : 6) doit venir rétablir toutes chose juste avant le jour grand et redoutable. La cause de la confusion des religions sera dévoilée; le mystère de Dieu serait révélé; la Parole qui était prêchée partout ailleurs par les chrétiens primitifs, les Apôtres, doit être restaurée. Alors, la puissance de l'Evangile authentique d'autrefois sera encore en vigueur; tous les enfants de Dieu qui s'éparpillent dans ces organisations religieuses sortiront pour recevoir la Parole qui les préparera pour l'enlèvement de l'Epouse de Christ. Nous n'avons qu'une seule tête, c'est JESUS-CHRIST.

LEXIQUE: CREOLE - FRANCAIS

Tisaintanise: Servante, ou nom d'une personne.

Mabouya: Anolis, ou petit lézard qui change de couleur en face des objets.

Poin: Gage, contrat, engagement avec satan – chance achetée chez un devin.

Mounepaisme: Doctrine qui montre qu'on est en faveur de quelqu'un, ou, etre ami de quelqu'un.

Maniba: Ancien instrument de musique - une basse.

Makouti = ralfor: Sorte de panier en paille en forme de valise – oeuvre artisanale en latanier tressé.

Hongan= gangan: Devin – on dit aussi "bocor". Prêtre du vaudou.

Tintin: Chose vile, de peu d'importance.

Salopri: Personne ou chose de peu d'importance.

Goudjaille: Musique ou divertissement populaire accompagné de jazz, où tout le monde vient danser en groupe – réjouissance populaire.

Popoulo: Foule de gens, peuple, rencontre de toutes les couches sociales.

Mambo: "Femme bocor" – devineresse – qui peut faire des choses magiques avec l'appui des esprits.

Tcha-tcha: Petite calebasse séchée qui contient des petites graines qui produisent du son lorsqu'on la secoue. Instrument de musique.

Loa = miste: Esprit rebelle – ange déchu.

Badji: Temple de vaudou – habitation du devin.

Zombi: Spectre – esprit – personne apparemment morte, dont les cinq sens sont controlés sous l'influence des esprits malins. Personne qui était ramenée à la vie après exhumation.

Tichameau: Nom du bâteau. Petit chameau.

Vodou = vaudou: Religion de la couleuvre – secte religieux d'origine Africaine – culte du vaudou adressé aux esprits – on dit aussi, voudou.

Ronsi = badjican: Bras droit d'un hongan, ou secrétaire d'un devin.

Doktè fey: Herboriste – personne qui se sert d'herbes et des feuilles pour guérir les malades.

Baka: Sorte d'esprit trapu au service de son maitre ou de celui qui l'a adopté. Il peut tuer, voler etc. pour lui.

Grand nèg: Personne influente – qui a du pouvoir – personne invincible par la magie. On dit aussi "gros nèg".

Makanda: Loup-garou – mot qui nait du nom de Makandal, le prêtre du vaudou de la cérémonie du bois Caiman avant l'indépendence d'Haiti. Malfaiteur – canibale – personne engagée avec satan qui peut se transformer les soirs surtout, en des specters grimaçants, en cherchant sa poie au coin des rues et des maisons. Elles peuvent voler dans les airs comme un oiseau. Si c'est un homme, il pousse en arrière une flamme de feu rouge; si c'est une femme, elle pousse du feu bleu.

Champoêl: Société de canibales – vampire – malfaiteur qui fait partie de cette société. On les appelle aussi "bizango".

Ti pierre, Légba: Petit Pierre – noms des esprits ou "loa" que les Haitiens adorent dans la religion du vaudou. Il y a tout une liste de noms comme Athénaise, Erzulie, Dambala, Agomme-tonnerre, Agarou, Tijean etc. Ce sont des dieux et déesses du voudou. Ils sont connus sous d'autres noms dans d'autres langues.

Ambapéristil: Chapelle des vaudouisants.

Louijeanbogé: Rebelle – se dit des gens qui n'ont pas peur d'obstacle, même en bravant la mort.

Gombo: Service religieux, qu'on appelle aussi "Service, ou cérémonie loa". Cerémonie d'interpellation des esprits.

Gadjim: nom donné à un coq selon ses plumages, coq qu'on prépare pour les gaguerres (combats de coq). Coq.

Bouki, Malice: Personnages (acteurs) des contes créoles.

Nanguinin: En Guinée.

Frizé, koukoute: Oiseaux nocturnes – personne métamorphosée sur la forme de ces oiseaux dans des missions diaboliques.

Pate laloa: Branche d'une plante médicinale qu'on emploie aussi dans des récettes magiques.

Koukouye: Luciole.

Koupe tèt boulé kay: Action de décapiter les gens et de brûler des maisons.

Dechoukay: Action de tuer ou de chasser des gens à coup de matrarque – et de brûler des maisons – révolte.

Sa ki mouri zafè ayo: "Peut importe ceux qui meurent" – cantique de guerre Haitienne.

Zinglindo: Tous ceux qui assassinent les gens – qui rentrent chez-eux, violer leurs femmes, voler leurs biens, leur argent – assassin.

Zinglindoisme: Le vice, la terreur que répand le "zinglindo".

Père lebrun: Action de mettre des cahoutchoucs autour des gens pour les brûler vif.

Madam longé-m sa: Madame, montre-moi cet habit (cette robe, ce pantalon, ou cette chemise, bien entendu au marché).

Mounepaisme: Expression qui montre que quelqu'un est le protégé par quelqu'un – partisannerie, principe qui montre qu'il y a un lien solide entre deux ou plusieur personnes – amitié.

Printed in the United States
By Bookmasters